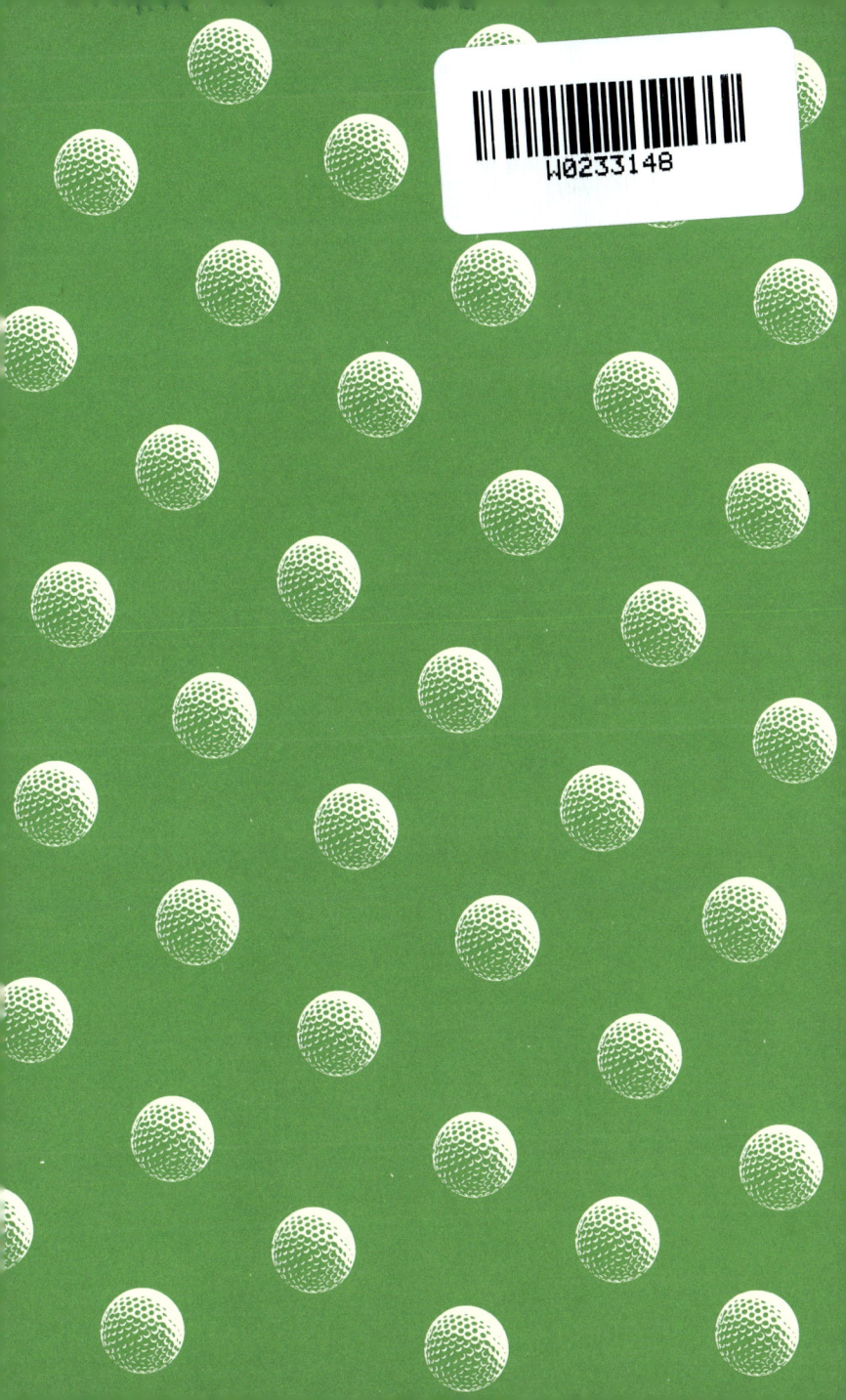

To my friends + pupils:

I hope this book will help
you to enjoy life, and the great
game of golf to its' fullest.

Sincerely

Harvey Penick

HARVEY PENICK
UND BUD SHRAKE

Und spielst du Golf, bist du mein Freund

Zweite Auflage

Wenn du mein Buch liest,
bist du mein Schüler.
Wenn du Golf spielst,
bist du mein Freund.

Harvey Penick
Golfprofessional im Ruhestand
Austin Country Club
Austin, Texas. 1993

*I*NHALT

8

Und spielst du Golf, bist du mein Freund

Mein Schwiegersohn
und seine erste Golfstunde

Mein Schwiegersohn Billy Powell war Spielführer des Basketball-Teams der Universität von Texas. Als meine Tochter Kathryn ihn heiratete, fragten seine Freunde scherzhaft an, ob er wohl sein Golfspiel verbessern wolle.

Jederman wußte, daß dies nicht ernst gemeint sein könne, schließlich hatte Billy bis dahin noch niemals einen Golfschläger in der Hand gehabt. Für ihn war Basketball der Inbegriff des echten Sports, nicht Golf.

Nach seiner Universitätszeit verpflichtete sich Billy für einige Jahre bei der Luftwaffe. So zogen er und Kathryn nach Clovis, New Mexiko, wo Billy sich erstmals an den Golfsport heranwagte. Ein Freund, der ein Handicap 2 spielte, nahm ihn mit auf den Platz – und Billy lernte schnell das prickelnde Gefühl kennen, das Golf vermitteln kann. Er war begeistert.

An jenem Abend rief er mich an, wobei er so aufgeregt war, daß er kaum Luft bekam.

»Harvey«, rief er, »ich habe gute Lust, sofort nach Austin zu kommen, um eine Stunde zu nehmen. Wann kannst Du mich irgendwie einschieben?«

Ich antwortete, daß ich ihm einen Satz Schläger schikken würde, mit dem er während der nächsten sechs Monate spielen sollte. Danach könnten wir über eine Trainerstunde sprechen.

Sechs Monate später gingen Billy und ich auf die Driving-Range des Austin Country Clubs.

»Ich muß Dich was fragen«, sagte Billy. »Die vergangenen sechs Monate waren für mich sehr mühsam. Warum hast Du mich so lange auf meine erste Stunde warten lassen?«

»Das ist bereits Deine zweite Lektion«, antwortete ich. »Die erste war, Dich sechs Monate lang mit Dir selber ins Reine kommen zu lassen.«

»Aber warum?«

»Weil Athleten wie Du, die in anderen Sportarten bereits so viele Erfolge vorweisen können, erst auf den Boden der Golf-Tatsachen gebracht werden müssen, ehe sie das Golfspiel erlernen können«, klärte ich ihn auf.

Nicht umsonst gibt es das alte Sprichwort, wonach der Schüler bereit für das Erscheinen des Lehrers sein muß!

Wie ich Billy unterrichtete

Auf der Driving-Range beobachtete ich eine Zeitlang die Golfschwünge meines Schwiegersohns, ohne etwas dazu zu sagen. Dabei wußte ich ganz genau, daß er auf eine Stellungnahme wartete.

»Billy, wenn Du mit Deiner Gabel so umgehst, wie mit Deinem Eisen 7, wirst Du verhungern«, sagte ich dann schließlich.

Wir legten den nächsten Ball auf ein niedriges Tee.

»Nun mach' einen Schwung und streife nur das Tee«, sagte ich.

Er schlug hinter dem Tee in den Boden. Er toppte den Ball. Und er schlug ihn seitwärts.

Mit den Worten »Du bist doch so ein guter Sportler. Lerne, das Tee zu streifen. Solange Du das nicht kannst, können wir nicht weiter machen«, ließ ich ihn alleine auf der Driving-Range stehen.

Zwei Tage übte er mit seinem Eisen 7, ehe er endlich das Tee streifen konnte.

Es dauerte natürlich nicht lange, ehe Billy darauf aus war, mit dem Driver den Ball 230 Meter weit die Spielbahn hinunter zu schlagen. Doch so sehr er es auch versuchte, es kam immer nur ein Slice dabei heraus.

»Solange Du einen Slice schlägst, wirst Du niemals die wahre Freude des Golfspiels kennenlernen«, klärte ich ihn auf. »Denn was auch immer Du gegen den Slice versuchst zu unternehmen, es werden immer nur noch schlechtere Schläge dabei herauskommen.«

Ich nahm all seine Hölzer und seine langen Eisen aus seiner Tasche und riet ihm, fortan nur mit dem Eisen 4 abzuschlagen. Den neuerlichen Einsatz seiner Hölzer würden wir erst wieder ins Auge fassen, wenn er sein Eisen 4 regelmäßig hookte.

Es gingen Monate ins Land, ehe sich Billy endlich einen Hook angewöhnt hatte. Dann aber war er sicher, es wieder mit dem Driver versuchen – und auch diesen hooken zu können.

Er zeigte mir, wie er seine Bälle hookte – wobei sie allesamt in und unter den Bäumen zur Ruhe kamen.

Worauf ich ihn daran erinnerte, daß das Rough auf der linken Fairway-Seite genauso schlecht wie das auf der rechten Fairway-Seite sei. »In diesem Zusammenhang«, fuhr ich fort, »nimm' immer das Eisen 1, wenn Du links oder rechts in den Wäldern liegst.«

»Warum denn das, Pro?« fragte er.

»Weil Du es dabei höchstwahrscheinlich zerbrechen wirst und so nicht mehr in Versuchung kommst, es zu nehmen. Tu' mir einen Gefallen und laß' Deinen Driver, Dein Eisen 1 und Dein Eisen 2 in der Umkleidekabine. Und nimm' für die Abschläge das Holz 3, denn je mehr Loft Dein Schläger hat, desto besser wirst Du Deinen Ball im Spiel halten.«

Natürlich wollte Billy das nicht hören – und hielt sich auch nicht daran. Er griff weiterhin zum Driver und versuchte, ihn möglichst weit zu schlagen, was ihn in seiner golferischen Entwicklung lange Zeit behinderte.

In der Zwischenzeit konzentrierte ich mich darauf, Billy zu einem guten Putt-Stil zu verhelfen. Fast alle Schüler kehren immer wieder zu ihren alten Putt-Fehlern zurück, und Billys Fehler bestand darin, daß er beim Putt nur kurz zurück- und dann lange durchschwang.

Jedesmal, wenn Billy später nach Austin kam, bat ich ihn, mir einige Putts zu zeigen, und erwartungsgemäß sah ich jedesmal das gleiche: einen kurzen Rück- und einen langen Durchschwung. Worauf wir jedesmal so lange auf dem Putting-Grün zubrachten, bis sein Rück- und Durchschwung wieder die gleiche Länge hatten.

Seit ich Billy seine sogenannte zweite Lektion erteilte, sind rund 40 Sommer ins Land gezogen. Er spielte im Levelland Country Club in West Texas, wo er und meine Tochter Kathryn viele Jahre lang lebten – und wurde ein recht guter Spieler. Er wurde später auch der erste Basketball-Trainer des South Plains Colleges – und war dort auch als Golf-Trainer tätig.

Kürzlich, bei einem seiner Besuche, saßen wir an einem warmen, sonnigen Vormittag im Austin Country Club unter den Bäumen.

»Stell' Dir vor, Du hast einen 60-Zentimeter-Putt. Zeig' mir, wie Du ihn spielst«, sagte ich.

Sie werden es erraten: Billy machte einen kurzen Rück- und einen langen Durchschwung.

»Billy, den Ball hättest Du vom Grün geputtet«, rügte ich. »Es ist wohl besser, wenn wir uns einige Putts von Dir genauer ansehen.«

Die Aufgabe eines Lehrers findet nie ein Ende!

Wissen ist Macht

arbara Jordan erzählte mir von ihrem Großvater, der
ihr beigebracht hatte, daß man für Können belohnt
und bezahlt werden würde. Er hatte sie immer zum
Lernen ermuntert, weil ihr die Menschen – unabhängig
von Barbaras Hautfarbe – eine Chance geben würden, solange sie nur von ihrem Wissen und Können überzeugt
seien.

Als ehemaliger Caddie mit Oberschulbildung habe ich
den Sinn meines Lebens darin gefunden, das Golfspiel
zu erlernen und es zu lehren.

Barbara Jordans Großvater hatte recht. Die Leute kommen von weit her zu mir, weil sie mein Wissen suchen.
So bescheiden dieses auch sein mag.

Das Problem erkennen

iner meiner besten College-Spieler, Billy Munn, kam
eines Tages zu mir in den Pro-Shop des Austin Country Clubs und bat um Hilfe. Er würde, so sagte er,
sehr schlecht putten.

Wir verließen den Pro-Shop. Billy ging in Richtung Putting-Grün, ich hingegen zur Driving-Range.

Er glaubte wohl, ich hätte ihn mißverstanden. Und so
rief er mir »Mister Penick, es ist mein Putten, das mir
Sorgen macht« hinterher.

»Billy, Du bist ein guter Putter«, rief ich zurück. »Wenn
Du Schwierigkeiten mit dem Putten hast, dann liegt das
daran, daß Deine Eisenschläge zu weit vom Loch entfernt landen.«

Der Anwalt

Er war Anwalt, ungefähr sechzig Jahre alt, und spielte in einem anderen Club unserer Stadt Vorgabe 14. Während der vergangenen 30 Jahre hatte er bestenfalls drei oder vier Trainerstunden bei mir genommen. Anwälte sind nicht sehr an Golfstunden interessiert. Ebenso wie Ingenieure und Buchhalter wollen Sie alles genau analysieren – und entsprechend verkomplizieren.

»Harvey, ich hab' ein Problem«, sagte er. »Ich war in den vergangenen sieben Wochen mit einem sehr schwierigen Fall beschäftigt. Die Wochenenden verbrachte ich mit Prozeß-Vorbereitungen, und auch sonst habe ich Tag und Nacht über den Gerichtsakten gesessen. Aber es hat sich gelohnt – heute Morgen sprach die Jury ein Urteil im Sinne meines Mandanten.«

»Gute Arbeit«, lobte ich.

Er nickte. »Es ist nur, daß ich einem alten Freund versprochen habe, mit ihm an einem Turnier in Florida teilzunehmen. Ich möchte meinen Freund natürlich nicht enttäuschen, habe nun aber drei Monate lang keinen Schläger in der Hand gehabt. Würden Sie sich daher ein paar meiner Schläge anschauen?«

»Wann findet das Turnier denn statt?«, fragte ich.

»Morgen«, war die ernüchternde Antwort. Der Flug nach Florida war für die Morgenstunden gebucht, ehe um 13.47 Uhr auf die Trainingsrunde gegangen werden sollte.

Ich schlug vor, erst einmal aufs Putting-Grün zu gehen. »Chips und Putts werden Sie schneller ins Spiel zurückfinden lassen«, erklärte ich. »Und mit ein paar guten Annäherungen und Putts werden Sie auf jeden Fall etwas zum Team-Ergebnis beitragen können.«

»Ich gelte als relativ guter Putter«, sagte der Anwalt.
Ich hatte seine Freunde zwar schon mehrmals über sein Putten sprechen hören, nachdem er als Gast eine Runde bei uns gespielt hatte, wobei die Gespräche stets eher spöttischen als anerkennenden Inhalts waren!

Am Putting-Grün angekommen, suchte ich eine gerade Fläche für einen Drei-Meter-Putt aus und bat den Anwalt, dort drei Bälle hinzulegen.

Die beste Art und Weise Putten zu üben ist, mit einem Ball zu spielen. Ganz so, als sei man auf dem Golfplatz. Aber der Anwalt war gänzlich aus der Übung, so daß es erst einmal darum ging, ihm das Ball- und Schlag-Gefühl wiederfinden zu lassen. Dadurch, daß ich ihm drei Bälle spielen ließ, konnte ich mich vergewissern, daß sich sein Ball-Gefühl verbesserte.

»Einen kleinen Moment, bitte«, sagte ich, nachdem er sich die Puttlinie angeschaut hatte und seinen Stand einnahm. »Wohin zielen Sie denn eigentlich?«

»Ich weiß es nicht«, gestand er.

»Versuchen Sie, Ihren rechten Fuß etwas zurückzunehmen und sich dadurch square zur Puttlinie auszurichten«, riet ich.

»Ich stelle mich aber beim Putten gerne offen hin, weil ich mich so sicherer fühle«, erklärte er mir.

Worauf er den ersten Ball ins Loch schlug und sich mit einem »Sehen Sie, ich sehe die Linie besser mit einer offenen Ansprechposition«, triumphierend an mich wandte.

»Versuchen Sie es bitte noch einmal«, bat ich.

Der zweite Putt verpaßte das Ziel um eine paar Zentimeter und lief vier Meter über das Loch hinaus. Der dritte Putt war sechzig Zentimeter zu kurz und sehr weit rechts. Mit seinem Putt-Gefühl war es scheinbar an diesem Tag nicht sehr weit her, und sein Stand war so offen, daß die

Vermutung nahe lag, er wolle Raymond Floyd kopieren. Was er aber so sehr übertrieb, daß es schon lustig erschien, und ihn auch an der klaren Vorstellung hinderte, wie er seinen Putter auszurichten hatte.

Ich holte meine Aktentasche und stellte sie, die Griffe nach oben, aufs Grün – genau entlang seiner Puttlinie.

»Bitte richten Sie sich nun square zu meiner Aktentasche aus«, befahl ich. »Und machen sie dann einige Probeschwünge. Ich möchte, daß die Spitze Ihres Putters meine Aktentasche streift, wobei das Leder natürlich nicht zerkratzt werden sollte.«

»Das fühlt sich ja schlimm an«, sagte er.

Wobei es sich um die typische Reaktion von jemandem handelt, der sich den offenen Stand angewöhnt hat und kein Verständnis für eine parallele Ausrichtung mehr aufbringen kann.

»Lassen Sie es uns nun mit einem Ball versuchen«, beharrte ich.

Bei zwei seiner drei Putts führte er seinen Putter genau entlang meiner Aktentasche – ohne daß er dabei das Leder zerkratzte. Wodurch er gezwungen war, die Schlagfläche des Schlägers square zu führen – und er zwei sehr gute Schläge machte.

Wir gingen zum Grünrand, um dort mit dem Eisen 7 einige Chips zu machen. Es sei erst mal am besten, riet ich ihm, eine Weile mit ein- und demselben Schläger zu chippen. Ich überredete ihn, sich nah an den Ball zu stellen und nicht nach ihm zu »angeln«. Der Ball sollte mit einem engen Stand von der rechten Fußspitze aus gespielt werden. Ganz so, als ob er den Ball unter einer Bank hindurch spielen müßte. Er löste die Aufgabenstellung ganz gut, so daß wir uns entschlossen, auf die Driving-Range zu wechseln.

Wie ich dies immer tue, bat ich ihn, sein Eisen 7 und sein Holz 3 mitzunehmen.

»Harvey, ich muß aber ein paar Drives schlagen«, protestierte er. »Es gibt Sümpfe in Florida, die ich mit dem Holz 3 nicht überspielen kann.«

Das erinnerte mich an einen Schüler, den ich vor Jahren mit der Übung, das Tee zu streifen und mit dem Hinweis auf »Arbeiten, als ob Sie Stundenlohn-Empfänger wären«, zu hervorragenden Holzschlägen verholfen hatte, nachdem seine Hüften und Schultern erst einmal square ausgerichtet waren. Er hatte so hervorragende Holzschläge gemacht, daß er sich vor Freude gar nicht mehr fassen konnte – und es mir eine Gänsehaut über den Rücken jagte.

»Wir kommen noch früh genug zum Driver«, vertröstete ich den Anwalt, wobei ich wohlweislich verschwieg, daß ›früh genug‹ auf keinen Fall ›heute‹ bedeuten würde. »Schlagen Sie aber zunächst einige Eisen 7.«

Der Anwalt machte einige Probeschwünge, die sich langsam, gelöst und entsprechend gut ansahen. Insgesamt erschien es mir aber, als ob ihm die Ästhetik seines Schwungs sehr wichtig war. Er schwang, als ob er sich so sehr auf den Rück- und Durchschwung konzentrierte, daß er den Teil zwischen diesen beiden Schwungsegmenten zu vergessen schien.

Er dachte bei seinen Probeschwüngen nicht daran, das Gras zu streifen. Vielmehr setzte er alles daran, einen gutaussehenden Schwung vorzuführen. Er konzentrierte sich so auf dieses Ziel, daß er am Ende des Schwungs das Gleichgewicht zu verlieren drohte.

»Dafür, daß das Turnier morgen stattfindet, sind das aber eine Menge Probeschwünge«, erinnerte ich ihn. »Vielleicht sollten Sie besser damit anfangen, Bälle zu schlagen?«

Mit einer langsamen und schwachen Schwungbewegung bewegte er den Ball runde neunzig Meter weit.

»Ich muß halt meinen Speck erst ein wenig lockern«, analysierte er.

»Schlagen Sie den nächsten Ball bitte bewußt hart«, schlug ich vor.

Sofern dies überhaupt möglich war, so war der nächste Schwung noch schwächer.

»Sehen Sie die Fahne dort hinten beim Felsen. Setzen Sie sich diese als Ziel und schlagen Sie nun bewußt hart auf den Ball«, forderte ich ihn auf.

Er machte einen schönen, glatten, rhythmischen Schwung – die kraftloseste Bewegung, die er bislang gemacht hatte. Der Ball landete kurz vor dem Felsen, und der war knappe hundert Meter entfernt. Er strich mit seinem Schläger so sanft über den Boden, daß es nicht einmal ein Divot gab.

»Das sieht doch schon ganz gut aus, oder?« suchte er nach Anerkennung.

»Ihr Schwung ist zu schwach. Hätten Sie mich mit ihrem Eisen 7 am Fuß getroffen, hätte ich nicht einmal einen blauen Fleck bekommen«, relativierte ich.

Dabei hatte sich ein sarkastischer Tonfall in meine Stimme eingeschlichen, der mir gleich wieder leid tat. Denn ein Lehrer darf zwar nahezu alles sagen, solange es nicht kränkend ist. Lachend hätte ich es sagen sollen, ganz so, als ob ich ihn aufziehen würde.

Allerdings – der Anwalt war überraschter als gekränkt.

»Was meinen Sie damit, Harvey? Ich fühl' mich halt noch etwas steif an. Warten Sie nur, bis ich in ein paar Minuten aufgewärmt bin. Ich werde auch nicht auf Ihren Fuß schlagen, um es Ihnen zu beweisen.«

»Ich hätte das nicht so sagen sollen. Schlagen Sie bitte

die restlichen Bälle«, gab ich zu. »Ich werde jetzt ruhig bleiben.«

Während der Anwalt mit weichen, schwachen Schwüngen sein Eisen 7 slicete, schlich ich mich davon.

Ich versteckte mich hinter einem Busch am Ende der Driving-Range, von wo aus ich durch die Blätter hindurch den Anwalt beobachten konnte.

»Wo ist Harvey hingegangen« fragte er.

»Keine Ahnung. Ich sah ihn nicht weggehen«, bekam er von einem Mitglied als Antwort.

»Verschwindet er öfters mitten in der Stunde« fragte der Anwalt.

»Er ist dafür bekannt, das auch schon früher getan zu haben«, bestätigte das Mitglied.

Der Anwalt blickte auf die Bälle, die noch vor ihm lagen und entschied sich, sie alle zu schlagen – obwohl ich mich einfach aus dem Staub gemacht hatte.

Ich beobachtete ihn noch fünfzehn Minuten lang durch die Blätter und überlegte, was ich ihm für sein bevorstehendes Turnier in Florida noch raten könnte.

Er müßte seine Hüften und Schultern square zur Ziellinie ausrichten. Er bräuchte einen stärkeren Griff und er müßte verhindern, daß sein linkes Handgelenk im Treffmoment »gebrochen« ist, also mit dem Unterarm keine gerade Linie mehr bildet.

Wäre er ein guter Spieler gewesen, hätte ich ihm all dies erklärt. Aber so hätte jeglicher Ratschlag nur dazu geführt, ihn zu verunsichern – und dann eventuell alles zu übertreiben.

Also ging ich nach Hause.

Dort saß ich dann in meinem Sessel und dachte über ihn nach. Schließlich mußte es doch einen Weg geben, ihm zu helfen.

Ich kam zu der Überzeugung, ihm beim Putten geholfen zu haben. Ich hatte ihn auch soweit gebracht, seine Hände beim Chippen vor dem Schlägerkopf zu halten, ganz so, als ob er unter einer Bank hindurch spielen wolle. Als ich mich an seine kraftlosen, gesliceten Eisen-7-Schläge erinnerte – die er übrigens »Fades« nannte – da fiel mir auf, daß er sie sehr beständig geschlagen hatte. Es war ein Schlag, auf den er sich verlassen konnte. Und auf konstante Schläge kann man eine ganze Golfrunde aufbauen!

Um die Zeit des Abendessens bat ich schließlich Helen, den Anwalt anzurufen.

»Hallo, hier spricht Helen Penick«, sagte sie in den Hörer. »Harvey hat mir aufgetragen, Sie anzurufen. Er hört zu schlecht, um Telefonate führen zu können, aber er hat während der vergangenen Stunden viel über Sie nachgedacht. Als Ergebnis soll ich Ihnen ausrichten, daß Sie beruhigt nach Florida reisen und sich dort eine schöne Zeit machen können. Sie werden es schon schaffen.«

Zwei Wochen später kam er wieder in unserem Club vorbei. Als glücklicher Mensch, der mit seinem Freund den ersten Preis gewonnen und selbst seine Vorgabe gespielt hatte.

Er bedankte sich bei mir für die Hilfe, seinen Schwung abzurunden.

Eigentlich hätte ich ihm danken sollen. Dafür, daß er mir in Erinnerung gerufen hatte, daß nicht das von Bedeutung ist, was der Lehrer sagt, sondern das, was bei dem Schüler ankommt.

Gottes Eingebung

Der Herrgott schuf im rechten Handballen, was man die Lebenslinie eines Menschen nennt, und zwar aus gutem Grund: Bei einem guten Golfgriff liegt sie perfekt auf dem linken Daumen!

Gesunde Einbildung

Barbara Puett kam an einem schönen Frühlingsmorgen zu mir. Sie hatte ein Problem, das sie sehr beschäftigte.

»Harvey, ich treffe die Bälle zu fett. Egal, was auch immer ich versuche. Ich kann mich ausrichten und tun, was immer ich will, ich schlage immer zu früh in den Boden. Ich bin verzweifelt. Bitte sagen Sie mir, was an meinem Schwung nicht stimmt.«

Barbara war eine meiner besseren Schülerinnen, die früher sehr viele Runden mit dem jungen Tom Kite gespielt hatte. Als sie an jenem Tag mit ihrem Problem zu mir kam, war sie selbst bereits als Golflehrerin tätig.

»Zeig' mir ein paar Schläge mit dem Eisen 7«, sagte ich. Sie machte ein paar Schläge und schlug jedesmal zu früh in den Boden. Dabei sah ihre Ansprechposition gut aus, sie war auch eine zu gute Spielerin, um hier Fehler zu machen.

»Laß' uns ohne Ball üben«, sagte ich schließlich. »Setze Dir eine Stelle auf dem Boden als Ziel, wie beispielsweise ein Blatt, und versuche dann nur, diese Stelle zu treffen.«

»Ich versuch's«, versprach sie.

Sie suchte sich ein Blatt oder einen Grashalm aus und

machte Probeschwung für Probeschwung, und jedesmal schlug ihr Eisen 7 hinter der gewünschten Stelle in den Boden!

Barbara wurde zusehends ungeduldiger.

»Was ist nur falsch mit meinem Schwung, Harvey«, fragte sie mich beharrlich.

»Ich kann's Dir nicht sagen«, mußte ich sie enttäuschen.

»Warum nicht?«

»Barbara, Du hast jetzt so viele Jahre mit Üben und Spielen verbracht. Wenn Du nach all dem nicht eine bestimmte Stelle auf dem Boden treffen kannst, dann ist es wohl hoffnungslos. Geh' nach Hause und üb' in Deinem Garten. Bleib' dort, bis Du mit Deinem Eisen 7 eine bestimmte Stelle auf dem Boden treffen kannst. Wenn Du soweit bist, dann komm' zurück zu mir. Sofern Du es dann noch als notwendig erachtest.«

Als ich Barbara das nächste Mal sah, kam sie gerade mit einem sehr guten Score von einer Runde zurück. Sie war ganz aufgeregt.

»Du hast Dich selbst kuriert«, stellte ich fest.

»Ich habe mich in den Garten gestellt und habe versucht, auf einen bestimmten Punkt hin zu schwingen«, sagte sie grinsend. »Und irgendwann hat's dann bei mir geklingelt«.

»Daß nämlich mit meinem Schwung alles in Ordnung war. Daß ich dennoch eine bestimmte Stelle am Boden nicht treffen konnte, lag nur daran, daß meine Gedanken durch etwas anderes zu sehr abgelenkt waren. Als ich dann endlich aufgehört hatte, an meinen Schwung zu denken und mich ausschließlich darauf konzentrierte, eine bestimmte Stelle zu treffen, hatte sich das Problem von alleine gelöst.«

Was soll das bedeuten?

Seit Ben Hogans Buch »Die fünf Lektionen – Die modernen Grundlagen des Golfs« 1957 erschien, verging kaum eine Woche, ohne daß ein Schüler versuchte, mich in die Diskussion über »Pronation« und »Supination« zu verstricken.

Normalerweise beginnt die Diskussion damit, daß mich ein Schüler nach der Bedeutung von Pronation oder Supination befragt.

Im Prinzip sind Pronation und Supination ein natürlicher Teil des Golfschwungs, seit es das Spiel gibt. Seymour Dunn, ein Schotte aus North Berwick, schrieb schon 1922 eine, wie er sie nannte, »wissenschaftliche Erklärung« über Pronation und Supination. Mein Sohn Tinsley und ich beschäftigten uns sehr eingehend mit diesem Buch – zu einer Zeit, als Tinsley noch ein Junge war.

Aber kein Durchschnittsgolfer hat sich jemals bewußt Gedanken über Pronation und Supination gemacht, bis Hogans Buch, geschrieben von Herbert Warren Wind und illustriert von Anthony Ravielli, die Golf-Welt in seinen Bann schlug.

Ich benutze die beiden Begriffe nicht, wenn ich Golf unterrichte.

Um aber die Frage zu beantworten, was sich hinter Pronation und Supination verbirgt: Laut meinem Wörterbuch ist Pronation die Rotation der Unterarme zur Daumenseite, Supination die Rotation der Unterarme zur Kleinfingerseite. Und nun lassen Sie uns Pronation und Supination vergessen – und wieder ans Golfspielen denken.

Freu' Dich!

Es war für mich eine große Ehre, als Starter fungieren zu dürfen, als die Damen-Amateur-Meisterschaften von Texas im Barton Creek Club ausgespielt wurden. Es war ein tolles Gefühl, von so vielen Frauen umgeben zu sein.

Am ersten Spieltag kam eine meiner Schülerinnen vom Austin Country Club, Carrell Grigsby (ein liebenswertes Mädchen, das ich sehr gerne mochte), zu mir, kniete sich neben meinen Golf-Wagen und ergriff meine Hand. Ich konnte an ihrem Griff spüren und in ihren Augen sehen, daß sie sehr nervös war.

Wir kamen nicht dazu, viel zu sagen, denn zu viele andere Spielerinnen verlangten in diesem Moment nach meiner Aufmerksamkeit.

Schließlich drückte Carrell meine Hand und stand auf.

»Gut, Harvey«, sagte sie sich räuspernd, »Ich muß jetzt wohl spielen gehen.«

Ich zog sie zurück.

»Carrell«, sagte ich. »Du mußt nicht zum Spielen gehen. Du gehst zum Spielen. Das ist ein riesen Unterschied!«

Und plötzlich kehrte ein Lächeln auf ihr Gesicht zurück.

»Sie haben recht«, gab sie zu. »Wovor fürchte ich mich eigentlich. Das hier soll doch Spaß und Freude sein!«

Ich wünschte, ich könnte hier berichten, Carrell habe die Meisterschaft gewonnen. Eines ist aber sicher, sie war mit großem Spaß an der Freude bei der Sache, und ich hörte sie nie wieder »Ich muß jetzt spielen gehen« sagen.

Golf zu spielen ist ein Privileg, keine Bestrafung!

Ein guter Geschmack

Wenn man Sie fragen würde, mit welchem Eiscreme-Geschmack Sie einen Golfschwung umschreiben, würde ich Sie gerne »Vanille« antworten hören.
Je einfacher und unkomplizierter Sie sich an den Schwung heranmachen, desto einfacher und unkomplizierter ist er. So einfach ist das!

Die Worte des Orakels

Von Harris Greenwood, einer meiner Kollege-Spieler, der später Anwalt in Houston wurde, erfuhr ich die Vorgeschichte zu nachfolgender Begebenheit – lange, nachdem sie sich abgespielt hatte.
So wie es mir Harris erzählte, gab es in Houston einen jungen Spieler, der eigentlich alle schlagen konnte. Was er auf Privat-Runden auch regelmäßig tat – auch, wenn's um Geld ging. Aber bei Turnieren sah es dann immer ganz anders aus. Da brachte er immer unerklärbar hohe Ergebnisse ins Clubhaus – und endete im Endklassement regelmäßig im Mittelfeld.
Harris kam – ebenso wie einige andere Golfer aus Houston – regelmäßig zu mir, um Stunden zu nehmen. Daher begannen sie anscheinend, diesem talentierten jungen Spieler zu erzählen, daß Harvey all seine Probleme lösen könnte. Eine kurze Zeit nur müßte er mit mir arbeiten, und schon würde ich ihn heilen können. So nach dem Motto: »Harvey wird Deine Schläger berühren und Dir seinen Segen geben. Von da an wird Deine Golf-Welt in Ordnung sein.«
Ich wußte davon natürlich nichts, als mich Harris an-

rief, um eine Trainerstunde für den Jungen zu vereinbaren.

Ich gab ihm einen Termin – für fünf Wochen später.

Worauf Harris und seine Freunde den Jungen weiterhin »bearbeiteten«. Sie strichen auf einem Kalender die Tage bis zu seinem Treffen mit Harvey Penick ab – und sie erzählten ihm, Harvey Penick sei der hohe Priester des Golfs, der Magisches bewirken würde. Keiner, so machten sie den Jungen weiter heiß, hätte in der Zukunft mehr eine Chance gegen ihn, da er ja schon bald *der* Spieler des Amateurgeschehens sein würde.

Am Abend vor unserem Termin fuhr der Junge nach Austin, wo er die Nacht im Terrace Motel verbrachte – und ganz früh ins Bett ging.

Und jetzt beginnt die Geschichte, so wie ich sie erlebte...

Früh am Morgen, es war fast noch dunkel, kam der junge Mann zu mir in meinen Pro-Shop im Austin Country Club und stellte sich als mein Schüler aus Houston vor. Ich trug ihm auf, zwei Eimer Bälle zu nehmen und sich schon einmal warmzuschlagen.

Später folgte ich ihm zur Driving-Range und beobachtete ihn. Ich war überrascht, denn der Junge schlug Bälle wie ein Pro. Dennoch sagte ich kein Wort, sondern stellte mich hinter ihn und stützte mein Kinn auf meine Hände. Beeindruckt verfolgte ich seine Bälle, die so gut getroffen waren, wie Golfbälle nur getroffen sein können.

So ging es eine Stunde lang. Er schlug Bälle – und ich sagte kein Wort. Schließlich griff er zu einem anderen Schläger.

Und schließlich war es dann doch an der Zeit, etwas zu sagen.

Er biß sich vor Spannung auf die Lippen, als er auf die Verkündung des Orakels wartete.

»Nun, mein Sohn«, sagte ich. »Du sprichst den Ball sehr gut an. Du hast einen guten, starken Griff. Du stehst gut über dem Ball und bleibst gut hinter ihm. Du triffst den Ball solide. Würdest Du mir nun bitte Deine beiden letzten Scores sagen?«

»Am vergangenem Wochenende habe ich ein 36-Löcher-Turnier gespielt«, erzählte er. »Am Samstag habe ich eine 77 nach Hause gebracht und am Sonntag wäre es eine 78 geworden, hätte ich den Ball nicht vorher aufgenommen.«

»Da ist der einzige Punkt, der in Deinem Spiel nicht stimmt«, bemerkte ich.

»Was denn« fragte er geradezu erschrocken.

»Deine Scores sind zu hoch«, klärte ich ihn auf.

Zunächst war er sprachlos. Dann war er irritiert.

»Ist das alles?« vergewisserte er sich.

»Das ist alles, soweit ich es beurteilen kann.«

Er nahm seine Schläger und ging zu seinem Wagen. Er schlug den Kofferraum und die Wagentüren zu und brauste ab zurück nach Houston.

Nun muß ich die Geschichte, soweit ich sie selbst erlebt habe, wieder verlassen.

Doch Harris erzählte mir später, daß der Junge in Houston erst einmal nichts über seine Trainerstunde verlauten ließ. Erst, als ihn seine Freunde zu sehr bedrängten, brauste er auf. »Dieser Harvey Penick ist ein Versager«, schimpfte er. »Er versteht nichts vom Golf und hat mir keinen einzigen Ratschlag gegeben, der zur Verbesserung meines Schwungs beigetragen hätte. Das einzige, was er gesagt hat, war, daß ich bessere Scores spielen müßte. Ich frag' mich echt, warum ich bis nach Austin gefahren bin, um mir von einem senilen Trottel sagen lassen zu müssen, daß meine Scores zu hoch seien.«

Am nächsten Wochenende gewann der junge Mann sein erstes Turnier.

Offensichtlich hatte er nur die Bestätigung gebraucht, daß alles, was er tat, richtig war.

Helens Geschichte

Das Telefon läutet öfters in der Küche unseres Hauses, das nicht weit vom Austin Country Club entfernt liegt.

Soweit nicht eine von Harveys Krankenschwestern antwortet, weil ich gerade beim Einkaufen oder Kartenspielen (ich liebe Bridge und Rommé) bin, nehme ich die Gespräche entgegen.

Harvey sitzt dann in seinem Lieblings-Sessel im Wohnzimmer, gleich neben der offenen Küchentür, so etwa sechs Meter vom Telefon entfernt. Er kann seit einigen Jahren nicht mehr laufen und hört zudem sehr schlecht. Wodurch Telefonieren für ihn eine große Anstrengung darstellt.

Daher fungiere ich immer als Station zwischen Harvey und dem Anrufer.

Einige der Telefonate, die ich so geführt habe, würde man wirklich nicht für möglich halten.

So habe ich Golf-Pros Putt-Unterricht am Telefon gegeben, indem ich ihre Fragen an Harvey weiterrief.

Es rufen sehr viele, verschiedenartigste Leute bei Harvey an. Angefangen von Golfpros und Durchschnittsgolfern über Fans und Freunden bis hin zu Leuten, die einfach nur »einmal so« ihre Neugierde befriedigen wollen.

Kürzlich nahm ich das Telefon ab und hörte einen Mann sagen »Bitte verbinden Sie mich mit Harvey.«

Ich erklärte dem Mann Harveys Probleme mit Telefongesprächen.

»Gut, dann sagen Sie ihm bitte, daß ich für eine Woche zu ihm kommen werde, um Stunden zu nehmen«, sagte er daraufhin.

»Ich weiß nicht, ob es Harvey möglich sein wird, Sie zu sehen«, bremste ich ihn. »Vor allem nicht gleich eine ganze Woche lang. Das dürfte zu mühsam für ihn werden.«

»Was ist denn daran mühsam« wollte er wissen.

Worauf ich nur noch sagte: »Wissen Sie, Harvey ist nicht mehr der Jüngste.«

»Ach ja«, meinte der Anrufer daraufhin. »Dann richten Sie ihm bitte aus, daß er sich zusammenreißen und sich für meine Trainerstunden bereitmachen soll. Ich fahre in wenigen Minuten hier in Sacramento los und komme zu Ihnen.«

»Ich fürchte, Sie verschwenden nur Ihre Zeit«, insistierte ich.

Worauf er sagte: »Das glaube ich nicht. Ich habe nämlich keine Zeit mehr zu verschwenden. Ich bin selber 90 Jahre alt.«

Ich bin sicher, daß Harvey ihn empfangen hätte. Aber der Mann kam nie bei uns an. Ich hoffe nur, daß er nicht auf seinem Weg zu uns das Zeitliche gesegnet hat.

Noch ein Anruf

Ich hörte das Telefon läuten, worauf kurz darauf Helen in der Küchentüre erschien.

»Harvey, da ruft eine Dame aus Providence in Rhode Island an. Sie heißt Paula Granoff und sagt, sie spiele seit Jahren Golf, hat aber noch nie etwas gewonnen. Erst, nachdem sie Dein ›Little Red Book‹ (erschien in der deutschen Sprache unter dem Titel »Golf-Weisheiten« – Anmerkung des Übersetzers) gelesen hatte, gewann sie gleich darauf die Seniorinnen-Meisterschaften von Rhode Island.«

»Richte ihr meine besten Glückwünsche zu ihrem guten Spiel aus«, sagte ich.

Helen ging zum Telefon zurück, kam aber kurze Zeit später wieder in den Raum.

»Sie möchte nach Austin kommen und Stunden nehmen«, sagte sie.

»Wenn Sie gerade eine Landes-Meisterschaft gewonnen hat, wofür braucht sie dann Stunden?« fragte ich.

Nachdem sie sich erneut kurz mit der Dame am Telefon unterhalten hatte, kam Helen wieder ins Wohnzimmer und stellte sich neben meinen Sessel.

»Harvey«, sagte Helen, »sie möchte nach Texas kommen, um den großen Lehrer kennenzulernen. Ich frage mich, an wen sie in Gottes Namen dabei denkt.«

Werfe den Ball!

Eines Nachmittags stand ich am Rand des Putting-Grüns. Mit mir waren Ben Crenshaw und sein guter Freund Billy Munn, der nicht nur Kapitän meines Universitäts-Golfteams, sondern auch mein stärkster Spieler war.

Billy wollte von mir einen Ratschlag, was er nach seiner Universitäts-Zeit machen solle. Zu jenen Tagen, es war in den frühen sechziger Jahren, war Billys Heimatstadt Midland eine reiche Ölstadt, und die Preisgelder auf der Pro-Tour waren ein Taschengeld im Vergleich zu den heutigen Verdienstmöglichkeiten der Golf-Stars. Ein junger Mann wie Billy konnte damals darauf bauen, in Midland eine gutdotierte Karriere als Banker, Doktor, Rechtsanwalt oder Öl-Kaufmann zu starten – aber keine als Golfspieler.

Er fragte mich also um Rat. Nun ging es hier um Billys ganzes Leben, so daß ich ihm auf keinen Fall zu etwas Falschem raten wollte. Daher sagte ich: »Billy, für was auch immer Du Dich entscheidest, Zufriedenheit und Integrität wirst Du nur daraus ziehen, wenn Du Zufriedenheit und Integrität mit einbringst.«

Billy entschied sich für das Ölgeschäft, unter anderem auch, weil er nach vier Knieoperationen Bedenken hatte, den körperlichen Belastungen der Tour gewachsen zu sein. Eines anderen Tages, wieder am Rande des Putting-Grüns, diskutierten Billy und Ben mit mir, welchen Schläger man für die Annäherung des Loches am äußersten Ende des Grüns nehmen sollte.

»Ben, Du bist doch ein guter Sportler«, sagte ich. »Nimm einen Ball und werfe ihn wie beim Kegeln nahe an das Loch.«

Der Ball rollte bis auf 30 Zentimeter ans Loch heran.

»Du hast den Ball wirklich sehr gut hingerollt«, lobte ich. »Warum aber hast Du ihn nicht hoch in die Luft geworfen? Ganz so, als ob Du eine Wedge mit offenem Schlägerblatt geschlagen hättest?«

»Weil Du gesagt hast, ich solle ihn nahe ans Loch bringen«, entgegnete Ben.

»Genau«, sagte ich. »Welcher Schläger würde nun dem Ball die gleiche Flugbahn geben, wie die mit Deinem Wurf? An welchen Schläger auch immer Du jetzt denkst, das ist der Schläger, den Du für diesen Chip nehmen solltest!«

Die reine Ironie

Ihr Golfspiel wird immer von Ihren Stärken und Schwächen geprägt sein. Wenn Sie Ihre Schwächen verbessern, dann wird sich Ihr ganzes Spiel verbessern. Die Ironie ist allerdings, daß die Leute nicht an ihren Schwächen, sondern an ihren Stärken arbeiten.

Die erste Wahl

Bei der Entscheidung für einen Schläger ist jeweils der erste Schläger, der Ihnen in den Sinn kommt, der richtige.

Lassen Sie uns beispielsweise annehmen, Ihr Instinkt rät Ihnen zum Eisen 5.

Ihr Instinkt trügt Sie nicht! Nehmen Sie also das Eisen 5. Stattdessen werden Sie aber Gras in die Luft werfen, um den Wind zu testen, die Entfernung wiederholt neu überprüfen, am Ende Ihren Instinkt überstimmen – und zum Eisen 4 oder 6 wechseln.

Nun aber sind Sie sich Ihrer Wahl nicht mehr sicher und werden daher versuchen, entweder das Eisen 4 weicher zu schlagen oder das Eisen 6 zu prügeln. Das Ergebnis ist voraussehbar: Ein schlechter Schlag.

Schlagen Sie den Schläger, den Ihnen Ihre innere Stimme empfiehlt. Denn selbst, wenn diese Entscheidung nicht die ganz richtige war, dann beträgt der Unterschied zum eigentlich richtigen Schläger nur einige wenige Meter!

Viel wichtiger als dieser kleine Unterschied ist Ihr Vertrauen in den Schlag.

Eine seltsame Welt

Sie dürfen mich altmodisch, spießig oder was auch immer nennen... Aber es gibt zwei Dinge in der Welt, an die ich mich nicht gewöhnen kann. Erstens, daß ein Mann und eine Frau zusammen leben, ohne verheiratet zu sein. Und zweitens, im Golf einen Mulligan zu spielen.

Erste Priorität

Neun von zehn Problemen im Schwung eines Durchschnittsgolfers resultieren aus dem Griff oder dem Stand.
Die Symptome, die sich aus diesen beiden Fehlerquellen ergeben, sind zahl- und variantenreich.
Für einen Lehrer ist es nicht möglich, die Symptome zu behandeln, ohne vorher die Fehler-Ursachen, nämlich Griff und Stand, zu beheben.

Der stärkere Griff

Zu der Zeit, als Ben Hogan die Golf-Elite anführte, und auch noch danach, lehrten viele Golflehrer einige Jahre lang den neutralen Griff, bei dem die V's mehr oder minder zur Nase oder zum rechten Auge zeigen. (Anmerkung des Übersetzers: Das »V« ist die v-förmige Kerbe, gebildet durch und zwischen Daumen und Zeigefinger.)
Dies war Ben Hogans Griff, und es war der richtige Griff für Ben Hogan, der immer gegen seinen Hook anzu-

kämpfen hatte. Da viele gute Spieler zum Hook tendieren, kamen (und kommen) sie mit dem neutralen Griff gut zurecht.

Bei nicht ganz so guten Spielern fördert der neutrale Griff aber den Slice.

Kürzlich traf ich mich mit einem Herrn aus Tokio im Austin Country Club. Wir saßen auf der Terrasse, ließen uns Hors-d'œuvres munden, tranken Eistee und redeten mit Hilfe des Übersetzers über Golf.

Tsuyoshi Honjo, Chefredakteur des Baffy-Magazins, bat mich, seinen Griff anzusehen. Er zog sein Sakko aus, rollte seine Ärmel nach oben und ergriff ein Eisen 7, das uns vom Pro-Shop herübergebracht worden war.

Seine V's zeigten genau zu seiner Nase.

»Wie ich sehe, haben Sie Ben Hogans Buch gelesen«, sagte ich.

»Oh ja«, bestätigte er. »Jeder hat doch dieses Buch gelesen.«

»Ich könnte mir vorstellen, daß Sie Slice-Probleme haben«, meinte ich daraufhin.

»Oh ja«, stimmte er mir – relativ betrübt – wieder zu. »Ich habe einen schlimmen Slice.«

Ich bat ihn, seine Hände nach rechts zu drehen, so daß seine »V's« zu seiner rechten Schulter zeigten. Dann warf ich ein kleines Karotten-Stücken vom Hors d'œuvre-Tablett vor seine Füße.

»Schlagen Sie die Karotte«, sagte ich.

Eine halbe Stunde lang schlug Tsuyoshi Honjo auf der Terrasse mit einem geliehenen Eisen 7 und einem starken Griff kleine Karotten-Stückchen.

Warum ich ihn Karotten-Stückchen statt Bälle schlagen ließ? Durch die Karotten-Stückchen hegte er keine Erwartungen in den Schlag – und hatte den Kopf entsprechend frei, um sich auf Griff und Schwung zu konzentrieren. Hätten wir Bälle geschlagen, hätte er sich möglicherweise verkrampft. (Als ich Tom Kite später die Geschichte erzählte, grinste er und sagte: »Sie haben doch nicht etwa eine neue Lehr-Philosophie erfunden – Streife die Karotte.«)

»Wie fühlt sich dieser Griff an?«, fragte ich meinen japanischen Besucher.

»Ich bilde mir ein, härter und weiter zu schlagen«, lächelte er.

»Bitte üben Sie diesen Griff und Schwung nur mit Karotten, Blättern oder Zweigen, bis Sie sich wirklich gut damit fühlen«, bat ich ihn. »Erst dann sollten Sie den neuen Griff und Schwung auf der Driving-Range mit Golfbällen trainieren. Ich denke, Sie werden mit dem Ergebnis zufrieden sein.«

Die japanischen Herren waren sehr aufgeregt, als sie unseren Club verließen, um nach Columbia Lakes in der Nähe von Houston weiterzufahren, wo Kathy Whitworth, Betsy Cullen und Mark Steinbauer als Golflehrer tätig sind.

In den vergangenen Jahren habe ich festgestellt, daß sich der Griff wieder zu einer stärkeren Handhaltung entwickelt. Zu Vardons Zeiten zeigten die »V's« zur rechten Schulter. Während der Ära Hogan zeigten sie zur Nase. Jetzt, in den Tagen von Freddie Couples, Davis Love III, John Daly und anderen, sieht man wieder viele Griffe, bei denen die »V's« zur rechten Schulter zeigen.

Ich glaube, dies ist der Fall, weil die modernen Spieler gelernt haben, den starken Griff des Arm-Hand-Schwungs mit dem neutralen Griff des Rückenmuskulaturschwungs zu kombinieren.

Zweifelsohne ist der starke Griff besser für den Durchschnittsspieler. Wie Tsuyoshi Honjo es schon bemerkte, fühlt der weniger erfahrene Spieler recht schnell, daß er mit dem starken Griff den Ball härter und weiter schlagen kann.

Aber, wie jede Golf-Weisheit, kann auch der starke Griff übertrieben werden.

Kathy, Betsy und Mark unterrichten, unter anderem, Gruppen von jüngeren japanischen Golf-Damen, die sich in Columbia Lakes auf ihre Golflehrer-Laufbahn vorbereiten.

Sie kamen mit einigen ihrer japanischen Schülerinnen zu mir – und gemeinsam gingen wir auf die Driving-Range des Austin Country Clubs. Die Damen mußten dort das Eisen 5 schlagen, wobei eine Dame im besonderen den Ball sehr kraftvoll schlug.

»Was hältst Du von ihr?« fragte mich Kathy.

»Ich denke, daß sie keinen Driver schlagen kann«, prophezeite ich.

Das hatte die junge Japanerin gehört. Sie lächelte und zog ein 12 Zentimeter langes Tee aus ihrer Golftasche. So hoch teete sie den Ball für ihren Drive auf!

All ihre Kraft kam aus ihrem Vier-Knöchel-Griff, bei dem ihre »V's«, wie beim alten West-Texas-Griff, zu ihrer rechten Schulter zeigten. Mit diesem Griff reduzierte sie den Loft, also den Neigungswinkel der Schlagfläche gemessen zur Vertikalen, so stark, daß sie ein 12 Zentimeter langes Tee brauchte, um mit dem Driver den Ball zum Steigen zu bringen.

»Lassen Sie mich Ihren Schläger ansehen«, bat ich.

Das japanische Mädchen wurde etwas verlegen, senkte ihren Kopf, aber reichte mir ihren Schläger. Wie ich es vermutet hatte, war es kein Eisen 5, sondern ein Eisen 7. Ihr Griff drehte das Schlägerblatt im Treffmoment zu einem 4er-Eisen!

Ich muß unterstreichen, daß sie sich diesen Griff zuhause angelernt hat – und nicht etwa in Columbia Lakes.

Was man über das Abwinkeln der Handgelenke wissen sollte

Es wurde so viel über das Abwinkeln der Handgelenke geschrieben, daß die Literatur darüber eine eigene Bibliothek füllen könnte.

Lassen Sie es uns einfach sehen!

Nehmen Sie Ihren Stand ein. Schwingen Sie Ihren Schläger zurück bis zur Hüfthöhe. Die Spitze Ihres Schlägerblatts zeigt nun gerade nach oben, weil sich Ihre Handgelenke automatisch abgewinkelt haben. Sie brauchen erst gar nicht daran zu denken!

Das Abwinkeln Ihrer Handgelenke können Sie allenfalls in Ihrem Wohnzimmer, dann aber ohne Golfschläger, beobachten. Nehmen Sie erneut Ihren Stand ein. Lassen Sie Ihren linken Arm herunterhängen und legen Sie den rechten Arm auf den Rücken, damit er nicht im Weg ist. Stellen Sie sich vor, Ihre linke Hand sei die Schlagfläche. Richten Sie den Handrücken zum Ziel aus. Schwingen Sie nun Ihren linken Arm bis zum höchsten Punkt des Rückschwungs zurück, und bleiben Sie in dieser Stellung stehen.

Drücken Sie nun Ihre linke Hand zu einer Faust.

Ihr Handgelenk ist hiermit abgewinkelt und Sie wissen, wie es sich anfühlt.

Eine andere Möglichkeit, das Gefühl für das Abwinkeln des Handgelenks zu entwickeln, besteht darin, die linke Hand zu einer Faust zu ballen und dann zu schwingen, als ob Sie einen Schläger halten würden.

Das ist eigentlich alles, was Sie wissen müssen. Mir wäre es am liebsten, wenn Sie sich über das Abwinkeln der Handgelenke keine weiteren Gedanken mehr machen würden.

Höhere Aspekte

Immer wieder sagen Leute zu mir, daß Golf ein spirituelles Spiel sei. Ich weiß eigentlich nicht, wie dieses Wort mit dem Golfsport in Einklang zu bringen sein könnte. Auch mein Wörterbuch sagt mir, daß spirituell in erster Linie bedeutet: »vom Geist, der Seele und dem Körper losgelöst zu sein«.

Es trifft zu, daß das Golfspiel Kontakt mit den eigenen, höheren Werten vermittelt. Ich bestreite auch nicht, daß man aus dieser Sichtweise heraus von einem spirituellen Spiel sprechen kann. Aber wie soll ein vom Körper losgelöster Golfschwung funktionieren?

Zeit meines Lebens habe ich die Leute nach dem Unterschied zwischen Glauben und Vertrauen gefragt.

Einer meiner Schüler sagte mir daraufhin, daß Vertrauen das Gefühl sei, das ich habe, bis ich eines anderen belehrt werde.

Ein anderer sagte: »Im Golfspiel ist Vertrauen, wenn ich mit einem Schlag konfrontiert werde, den ich bereits oft erfolgreich ausgeführt habe. Ich also darauf vertrauen kann, ihn gut wiederholen zu können. Glaube ist hingegen, wenn ich diesen Schlag noch niemals gemacht habe, im Glauben an meinen Schwung aber denke, ihn zu können.«

Die meisten Leute sagen, der Glaube sei etwas Religiöses – und haben gleichzeitig das Empfinden, daß Vertrauen etwas anderes ist.

Mein Wörterbuch sagt mir zum Stichwort »Glauben«: »Unbezweifelte Existenz von Gott, der Religion oder einer Verbindung religiöser Überzeugung«.

Vertrauen, gemäß meinem Wörterbuch, ist »der feste Glauben in die Wahrheit oder Wirklichkeit einer Tatsache, oder die zweifelsfreie Zuversicht in Fähigkeiten«.

Es scheint mir, als ob Vertrauen das Gefühl ist, das wir uns für unser Golfspiel wünschen. Aber wir brauchen für das Golfspiel auch den Glauben.

Ich denke, Glauben kommt aus dem Herzen – und Vertrauen aus dem Kopf.

Versagen garantiert

Ein Freund schrieb mir einen Brief aus dem Sawgrass Country Club in Ponte Vedra, Florida.

Er wollte wissen, was er denn machen könne, um sich auf dem Golfplatz nicht mehr so entsetzlich zu ärgern. Weiter schrieb er: »Ich weiß, daß es schlecht für mein Spiel ist, wenn ich die Nerven verliere. Aber wenn ich einen kurzen Putt auslasse oder meinen Drive ins Wasserhindernis hooke, werde ich verrückt vor Ärger. Danach wenden sich die Dinge zumeist zum Schlechten. Ich weiß, es ist dumm, sich so zu ärgern. Aber was kann ich dagegen tun?«

In meinen Augen ist es gut, sich über einen schlechten Schlag oder einen vorbeigeschobenen Putt ärgern zu können. Spricht das Ärgern doch für den Wettkampfgeist. So nennt man ihn zwar den »sanften Ben« Crenshaw. Was nichts daran ändert, daß er sich auf dem Platz fürchterlich ärgern kann. Weil er eben der Beste sein will.

Ergo – ärgern Sie sich. Aber in einer angemessen Form!

Bedenken Sie sich nach einem schlechten Schlag mit allen nur möglichen Beschimpfungen – in Gedanken. Aber beschimpfen Sie nur sich selbst. Die Schläger können nichts dafür – es sind dieselben, mit denen sie gestern noch tolle Schläge gemacht haben. Und hadern Sie auch nicht mit Ihrem Glück. Insbesondere gilt: Behalten Sie bei allem Ärger die Kontrolle über sich selbst und dann vergessen Sie alles wieder. Verbannen Sie all die Beschimpfungen, mit denen Sie sich soeben noch bedacht haben, wieder aus Ihren Gedanken, ehe Sie sich auf den nächsten Schlag vorbereiten.

Ihr nächster Schlag ist eine neue Herausforderung – es könnte der beste Schlag Ihres Lebens werden!

Das Comeback

Jeder Lehrer kennt diesen Schüler.

Er ist ungefähr fünfzig Jahre alt. Er war in seiner Jugend ein guter Spieler und ein ausgesprochener Longhitter vom Tee. Die menschliche Erinnerung neigt zwar dazu, immer noch ein paar Meter zu den einst erzielten Drive-Längen hinzuzuaddieren, aber dieser Schüler war wirklich ein Longhitter – und hat als Amateurspieler auch so manchen Erfolg bejubeln dürfen.

Nach der Universität wechselte dieser Schüler erfolgreich ins Berufsleben, worunter sein Golfspiel immer mehr litt, denn sukzessive entwickelte sich dieser Schüler zum Wochenendgolfer. Bis ihm irgendwann seine familiären und beruflichen Verpflichtungen überhaupt keine Zeit mehr für das Golfspiel ließen.

Mit 30 Jahren spielte er dann vielleicht noch drei- oder viermal im Jahr bei Wohltätigkeitsveranstaltungen oder anläßlich von Tagungen. Sein Score kletterte langsam, aber sicher über die 90er-Marke hinaus. Die Betroffenheit über dieses schlechte Spiel und die Erinnerung an jene freudvollen Tage, als er sich noch dem Scratch-Spiel näherte, ließen in ihm schließlich den Entschluß reifen, mit dem Golfspiel ganz aufzuhören.

Der Schüler packte seine Schläger in den Schrank.

20 Jahre später, als seine Kinder das Haus verlassen hatten, seine Frau in ihren Ehrenämtern aufging und er eine insgesamt gute finanzielle Situation geschaffen hatte, stellte er fest, daß er zunehmend Freizeit zur Verfügung hatte, und er beschäftigte sich mit dem Gedanken, zum Golfspiel zurückzukehren.

Er vereinbarte eine Trainerstunde.

Am ersten Morgen, nachdem wir uns auf der Driving-Range etwas miteinander bekannt gemacht hatten, fragte ich ihn, warum er den weiten Weg von Dallas zum Austin Country Club auf sich genommen hatte, um von mir eine Stunde zu bekommen.

Er räumte ein, in den vorangegangenen Wochen bereits bei einem anderen Lehrer Stunden genommen zu haben, mit dem Ergebnis aber nicht zufrieden gewesen war. Gleichzeitig begann er, mir zu zeigen, was dieser Lehrer ihm gesagt hatte.

»Wenn es Ihnen nichts ausmacht«, unterbrach ich ihn freundlich, »würde ich lieber nicht hören, was Ihnen jemand anderes gesagt hat. Schlagen Sie einfach ein paar Bälle mit dem Eisen 7. Ich werde Sie dabei beobachten und mir selbst ein Bild machen.«

»Mein großes Problem ist der Verlust von Länge«, erzählte er mir. »Ich habe in den vergangenen zwei Monaten oft alleine Bälle geschlagen und wurde dabei schlechter und schlechter. Denn je mehr Bälle ich schlage, um so kürzer fliegen sie. Ich kann das nicht verstehen. Ich mache Hanteltraining und laufe täglich drei Meilen. Insgesamt bin ich in einer so guten Verfassung wie seit meinem 25. Geburtstag nicht mehr, und dennoch schaffe ich es nicht, meine Bälle weit zu schlagen.«

Die Erwähnung von Gewichtheben ließ bei mir die Alarmglocke klingeln.

Ich glaube zwar sehr an den Nutzen von physischem Konditionstraining. Meiner Meinung nach schlagen die modernen Touring-Pros den Ball heute viel länger als ihre berühmten Vorreiter, weil sie sich in einer viel besseren körperlichen Verfassung als ihre Vorgänger befinden. Aber beim Gewichtheben sollte ein Golfer vorsichtig sein. Es kann die falschen Muskeln stärken und dadurch den Schwung negativ verändern, statt ihn zu verbessern.

»Heben wir uns Ihr Längen-Problem für später auf«, lenkte ich meinen Schüler ab. »Sehen Sie die Fahne an der Steinmauer in ungefähr 135 Meter Entfernung? Schlagen Sie bitte einige Bälle zu dieser Fahne.«

Er schlug einige Bälle, wobei ich seinen Schwung beobachtete.

»Sie richten sich nach Westen aus und versuchen, nach Norden zu schlagen«, erzählte ich ihm.

»Ich ziele etwas nach links, um den Ball voll schlagen zu können«, erklärte er.

»Lee Trevino kann nach Westen zielen und nach Norden schlagen, weil er seinen Kopf fünfzehn Zentimeter nach hinten fallen läßt, wenn er den Ball schlägt. Von Ihnen möchte ich aber, daß Sie sich aufrechter hinstellen und square zum Ziel ausrichten, wenn nicht gar etwas nach rechts. Und schlagen Sie mir dann bitte einen Draw, also einen Schlag, bei dem der Ball von rechts nach links fliegt.«

Ich richtete meinen Golfwagen gerade zur Fahne aus und bat den Schüler, sich square zu meinem Wagen auszurichten und seine Bälle dann direkt zum Ziel zu schlagen. Er machte ein paar Probeschwünge, ehe ich ihn erneut stoppte.

»Ich werde Ihnen etwas sagen, was Ihnen nicht gefallen wird«, sagte ich. »Wenn Sie nicht auf meine Ratschläge hören, dann vergeuden wir beide unsere Zeit. Sie sind, ebenso wie fast alle Menschen aus Dallas, immer in Eile. Menschen aus Dallas tun so, als würden sie für die erledigte Stückzahl bezahlt werden. Ich möchte aber, daß Sie im Golf fortan auf Stundenlohn-Basis arbeiten.«

Er nahm rasch einen weiteren Ball, aber ich stoppte ihn erneut.

»Sie werden von mir nichts Negatives hören, wie zum Beispiel, daß Sie nicht zu hart schwingen sollen. Auch werde ich Ihnen nicht raten, langsam zu schwingen. Schwingen Sie so, als würden Sie pro gearbeitete Stunde bezahlt, und Sie sich mit der Arbeit entsprechend Zeit lassen können.«

Danach bat ich ihn, den Ball niedrig aufzuteen.

»Nun«, sagte ich, »Arbeiten Sie auf Stundenlohn-Basis und zerstückeln Sie mir das Tee, und Sie werden einen guten Schlag sehen.«

Schwung nach Schwung wiederholte ich diese Forderung.

»Wissen Sie«, meinte ich schließlich, »hier zu sitzen und Ihnen immer wieder das gleiche zu sagen, läßt uns beide nicht besonders gut aussehen. Wenn Sie Ihre Länge zurückgewinnen möchten, dann müssen Sie den Ball solide schlagen, nicht schnell. Sie müssen lernen, auf Stundenlohn-Basis zu arbeiten und das Tee zu streifen! Dann werden Sie Ihre Länge wiederbekommen.«

Das magische Wort »Länge« brachte ihn dazu, meine Hinweise zu befolgen. Er schlug einige gute Bälle und freute sich. Dann schlug er einen schlechten Ball und ich stellte fest, daß er danach versuchte, seinen Griff zu ändern.

»Es ist nicht nötig, nach nur einem schlechten Schlag etwas am Griff zu tun«, beruhigte ich ihn. »Ein paar schlechte Schläge sind noch lange kein Grund, etwas zu ändern. Warten Sie erst einmal ein paar Schläge mehr ab, um zu entscheiden, ob etwas an Ihrem Schwung, Griff oder Stand nicht stimmt.«

Er sagte, er sei seit seiner Jugend Brillenträger und sähe daher möglicherweise den Ball nicht allzu gut.

Ich erzählte ihm von Jimmy Demaret, der sich gerne einen Spaß daraus machte, auf der Driving-Range drei oder vier Bälle ohne Schwungunterbrechung zu schlagen, während er gleichzeitig zur Tribüne aufblickte und auch noch Witze erzählte. Und dabei jeden Ball gut traf!

»Wenn Ihr Schwung exakt in der Schwungbahn abläuft, dann treffen Sie den Ball auch mit einem über Ihren Kopf gestülpten Sack«, sagte ich. »Lassen Sie uns jetzt wieder das Tee streifen und auf Stundenlohn-Basis arbeiten.«

Schließlich verstand er, was ich ihm während dieser Trainerstunde vermitteln wollte, und daß sein Ausflug von Dallas nach Austin nur Sinn machen würde, wenn er sich fortan darauf konzentrierte, das Tee zu streifen und auf Stundenlohn-Basis zu arbeiten.

Als sich diese Erkenntnis in ihm breit gemacht hatte, begann er, den Ball solide zu schlagen. Ich reichte ihm ein Holz 3, mit dem er den Ball mit einer schönen Rechts-nach-Links-Flugkurve weit schlug.

Er war begeistert. Und in meinen Armen prickelte es vor Freude.

»Noch etwas«, sagte ich am Ende der Stunde. »Versprechen Sie mir, daß Sie erst mit dem Driver spielen, wenn Sie von zehn Schlägen mit dem Holz 3 zehnmal das Fairway treffen.«

»Vielen Dank, Pro«, verabschiedete er sich. »Ich werde weiterhin fleißig Üben. Vielleicht qualifiziere ich mich ja für die nationale Amateur-Meisterschaft im nächsten Sommer. Glauben Sie, daß ich eine Chance habe?«

»Natürlich haben Sie eine Chance«, bestärkte ich ihn. »Sofern Sie auch putten können.«

Der Unterschied

Es ist gut, sich konzentrieren zu können, aber es ist verheerend, zuviel darüber nachzudenken, wie man sich konzentrieren kann.

Verlassen Sie sich auf Ihren Körper sowie Ihre Muskeln, und schlagen Sie den Ball zum Loch. Versuchen Sie nicht, sich das Leben unnötig schwer zu machen!

Der Prediger

Als der Pfarrer der Riverside Baptist Kirche, Dr. Gerard Mann, das erste Mal eine Trainerstunde bei mir nahm, begannen wir wie üblich: Ich ließ ihn mit dem Eisen 7 das Tee streifen.

Er schlug einen Hook, worauf ich sagte »Ich glaub' es nicht! Schlagen Sie bitte noch einen.«

Er schlug noch einen Hook. Und ließ weitere folgen.

»Warum sehen Sie mich so an?« fragte er mich danach.

»Ich kann immer noch nicht glauben, was ich sehe. Und

dabei bildete ich mir bislang ein, alle nur erdenklichen Golfschwünge bereits gesehen zu haben. Mit Ihrem Griff, Ihrer Ansprechposition und Ihrem Schwung müßten Sie den Ball eigentlich socketieren, aber Sie hooken ihn. Sie müssen ein gutes, gottgegebenes sportliches Talent haben.«

Wir beendeten diese erste Stunde mit der positiven Erkenntnis, daß Dr. Mann gesegnet war mit sportlichem Können. Danach dauerte es eine lange Zeit, ehe er wieder zu mir kam, um sich im fundamentalen Bereich helfen zu lassen.

Ich habe oft mit Predigern Golf gespielt. Einer, an den ich mich gut erinnere, wandte sich an einen weiteren Mitspieler, nachdem er einen kurzen Putt vorbeigeschoben hatte und bat: »Würden Sie bitte an meiner Stelle laut meine Empfindungen über diesen Schlag zum Ausdruck bringen.«

Jedermann, der mit Gerald Mann gespielt hat, wird Ihnen hingegen bestätigen, daß er überhaupt nicht zurückhaltend war, wenn er seine Gefühle zum Ausdruck brachte.

Tom und Christy Kite sowie ihre Kinder sind Angehörige der Riverside Baptist Kirche.

An jenem Sonntag im Sommer 1992, als Tommy gerade in Pebble Beach am ersten Abschlag der Finalrunde um die US Open stand, sprach Dr. Mann von der Kanzel zu seiner Gemeinde:

»Ich weiß nicht, ob der Herrgott im Golf engagiert ist, aber ich bete dafür, daß Tom Kite die Open gewinnt. Und ich möchte, daß Sie ebenfalls für ihn beten. Wenn Sie nicht für Tom beten wollen, so steht es Ihnen frei, dorthin zu gehen, wo man nicht für Gewinner betet.«

Grundsätzliches

Ich habe immer versucht, meinen Mitgliedern und Schülern beizubringen, daß die Golfregeln dafür da sind, den Spieler zu schützen. Nicht, um durch sie zu gewinnen.

Am Grünrand

Wenn Sie an einem Par-4-Loch mit zwei Schlägen am Grünrand liegen und dann noch drei Schläge bis ins Loch benötigen, so ist dies, als ob Sie am Abschlag einen Luftschlag gemacht hätten.
Auch die Bestrafung ist die gleiche – Sie verlieren einen Schlag.
Hätten Sie aber am Abschlag einen Luftschlag gemacht, so wären Sie entsetzt gewesen. Über drei Schläge vom Grünrand bis ins Loch hingegen trösten Sie sich mit einem »Es ist doch nur ein Spiel« hinweg.
Sie müssen das Gefühl entwickeln, vom Vorgrün aus mit einem Chip und einem Putt das Loch zu beenden. Oder schenken Sie etwa gerne Schläge her?

Südlich der Grenze

Nachfolgende Geschichte erzählte mir der Golflehrer Chuck Cook. Kurz nach Ende des Zweiten Weltkrieges bat ein erfolgversprechender junger Spieler in Los Angeles den berühmten Amateur Wilford Wehrle um eine Stunde.

Wehrle öffnete eine Schachtel nagelneuer Spalding-Bälle und warf dem jungen Spieler einen vor die Füße.

»Laß mal sehen, wie Du ihn schlägst«, sagte Wehrle.

Der junge Mann, schon allein durch Wehrles Anwesenheit nervös, war sehr eingeschüchtert. Niemals zuvor hatte er einen nagelneuen Golfball gesehen, denn während des Krieges gelangten neue Golfbälle nur sehr selten in die Hände von Zivilisten.

Der junge Mann machte einen Schwung, traf den Ball dünn und verpaßte ihn dadurch einen tiefen Schnitt.

Wehrle fluchte leise und warf mit den Worten »Versuch's noch einmal« dem jungen Mann einen weiteren neuen Spalding-Ball zu.

Der nunmehr ganz verschüchterte junge Mann toppte den Ball, wodurch er ihn beinahe in zwei Stücke zerschnitt.

Entnervt nahm Wehrle dem jungen Mann das Eisen aus der Hand und begann, damit über den Boden zu schwingen. Wobei er beachtliche Mengen Erde zur Seite bewegte. In seinem Ärger hackte Wehrle dann noch ein weiteres großes Divot heraus.

»Sohn«, schrie er, »Golf ist ein Spiel, bei dem man Löcher hackt. Das ist das erste, was Du Dir über das Golfspiel merken mußt.«

Es ist in der Tat ein Widerspruch im Golf, daß auf den Ball herunter geschlagen wird, um ihn zum Steigen zu bringen. Der häufigste Fehler von Anfängern und schlechten Spielern ist dann auch der Versuch, den Ball erst nach dem tiefsten Punkt der Schwungkurve zu treffen, um ihn vermeintlich so zum Steigen zu bringen.

Bevor man aber nicht gelernt hat, nach unten und durch den Ball zu schlagen, bleiben einem kernige Eisenschläge versagt.

Allerdings bin ich kein Befürworter von großen Divots. Ich bleibe dabei, daß es besser ist, den Ball vom Gras wegzuschlagen als ihn aus dem Gras zu hacken.

Ich weiß, daß es gute Spieler gibt, die Divots so groß wie ein Kuchenblech aus dem Rasen schneiden. Mir sind die Divots lieber, die die Größe einer Dollar-Note haben. Jene Art von Divot also, die Byron Nelson schlug.

Das erinnert mich an einen Auftrag, den ich vom Campestre Club in Monterrey, Mexiko bekam.

Die Person, die mich dafür verpflichtete, meinte nur: »Harvey, können Sie für zwei Wochen zu uns kommen. Wir brauchen wirklich dringend Ihre Hilfe.«

»Wo ist das Problem?« fragte ich.

Er sagte: »Alle Spieler in unserem Club socketieren.«

Daraufhin flog ich im Herbst nach Monterrey. Und es war tatsächlich so, daß eine Socket-Epidemie den Club erfaßt hatte. Wobei ich den Ausdruck »Socket« hasse. »Querschlag« ist doch eine viel angenehmere Umschreibung für eine der scheußlichsten Erscheinungen im Golf.

Ich mußte der Tatsache ins Auge blicken. Alle Spieler dieses Club socketierten. Ganz so, als ob sie von einer ansteckenden Krankheit befallen wären.

Es dauerte nicht lange, bis ich die Ursache herausgefunden hatte.

Der reguläre Club-Pro, der sich während meiner Anwesenheit gerade im Urlaub befand, hatte seinen Schülern immer wieder »Schlag nach unten« gepredigt.

Für ihn bestand Golf scheinbar wirklich darin, Löcher zu graben.

Die Gefahr, wenn man mit solch einer Intensität nach unten schlägt, besteht aber darin, Sockets zu schlagen.

Denn wenn man stark von oben nach unten schwingt, kann man nur noch dank einer ebenso guten wie schnellen Hüftdrehung durch den Ball schlagen. Anderenfalls landet der Ball unweigerlich im Unterholz.

In der Folge verbrachte ich zwei sehr angenehme Wochen im frischen Bergklima von Monterrey und brachte den Mitgliedern bei, daß es im Golf um etwas anderes geht, als Löcher zu graben.

Meiner Meinung nach ist es unmöglich, mit einem geschlossenen Schlägerblatt den Ball zu socketieren. Als meine entsprechenden Ratschläge bei den dankbaren Mitgliedern Wirkung zeigten, war dies eine große Freude für mich.

Am Ende der zwei Wochen zahlten mich meine Arbeitgeber in bar aus – mit einer dicken Rolle von farbprächtigen Geldnoten.

Niemals zuvor hatte ich soviel Geld auf einem Haufen gesehen. Ich erinnere mich zwar nicht, wieviel es nach dem Umtausch in Texas war, aber es machte mich doch etwas nervös, soviel Bargeld bei mir zu haben. Ich streifte daher ein Plastikband um die Geldscheine, steckte das Geld in meine Jackentasche und band das Ganze dann noch an meiner Gürtelschlaufe fest.

Als ich im Flugzeug saß und auf den Start wartete, beugte sich plötzlich ein Mitpassagier zu mir herüber und fragte: »Entschuldigen Sie, ist Ihr Name nicht Harvey?« Ich bestätigte dies.

Er sagte: »Man bittet Sie noch einmal ins Flughafen-Gebäude.«

Mein erster Gedanke war, daß meine Auftraggeber realisiert hatten, daß sie mir zuviel bezahlt hatten, und daß ich nun die schöne dicke Rolle sofort wieder zurückgeben müßte.

Aber dem war gar nicht so. Es handelte sich nur um ein kleineres Problem mit meinem Gepäck. Ich behielt meine Geldrolle. Und wissen Sie was? Im nächsten Herbst verpflichtete mich der Club wieder für zwei Wochen.

Denn der reguläre Golflehrer war nach meiner Abreise zurückgekehrt und hatte die Mitglieder weiter unterrichtet, nach unten zu schlagen.

Worauf die Mitglieder wieder zu socketieren begannen...

Die Vorlage

Einer der schlechtesten Schläge im Golf ist es, wenn der Spieler den Ball eigentlich vor ein Hindernis ablegen möchte und dann doch soviel Schläger nimmt, daß der Ball das Hindernis erreichen kann. Was dann zumeist auch passiert.

Die Ursache dafür? Der Spieler entscheidet sich für einen Schläger, der ihn so nah wie möglich an das Hindernis heranbringt. Dann schwingt er ganz locker, weil ja kein Grund zum »Forcieren« besteht. Aber durch den lockeren Schwung trifft er den Ball grundsolide, wodurch dieser drei bis fünf Meter weiter fliegt als üblicherweise.

Wenn Sie sich für ein Vorlegen entscheiden, dann stellen Sie bitte sicher, daß Sie Ihren Ball wirklich vor- und nicht hineinlegen.

Vielleicht sollte man nicht daran denken, den Ball an die Kante des Hindernisses zu spielen, sondern ihn großzügig vor das Hindernis zu plazieren.

Tommy gewinnt die US Open

Der Finaltag der US Open 1992 in Pebble Beach war geprägt von einem stürmischen Wind, der vom Ozean her über den Platz wehte. An diesem Tag spielte Tommy Kite eine der besten und mutigsten Runden der Golf-Geschichte.

Ich saß zuhause in Austin vor meinem Fernseher, und ich war so stolz auf Tommy, daß ich wie ein Baby weinte, als er am Ende dieses harten Tages die Meisterschaftstrophäe überreicht bekam.

Als mich Tommy einige Zeit später besuchte, fragte ich ihn, woran er während der Stunden gedacht hatte, als er nicht nur gegen die widrigsten Witterungsbedingungen, sondern auch gegen die besten Golfer der Welt zu kämpfen hatte.

Ich habe meinen Schülern immer gesagt, daß sie sich beim Spiel im Wind, Regen oder Kälte Zeit nehmen sollten. Womit aber keinesfalls ein langsames Spiel gemeint ist!

Dementsprechend wurde mir bei Tommys Antwort warm ums Herz. »Ich habe daran gedacht, mir Zeit zu nehmen«, sagte er.

Ich bat ihn, mir genauer zu berichten.

»Wenn Du als Spieler beinahe weggeblasen wirst«, erzählte er, »kannst Du alles über Schwung und Technik vergessen. Es gilt, ein grenzenloses Vertrauen aufzubauen. Du mußt ganz einfach davon überzeugt sein, alles getan zu haben, um nun eine gute Runde spielen zu können. Wozu würde man auch soviel Üben, wenn man im entscheidenden Moment nicht darauf bauen könnte?« Diese Einstellung verdankt er dem Sport-Psychologen Dr. Bob Rotella. Ich liebe diese »Glaub an Dich«-Einstellung.

»Ich baue sehr oft auf diesen Gedanken, wenn ich die Chance sehe, ein Turnier zu gewinnen«, berichtete Tommy weiter. »Es geht dann darum, im Vertrauen zu sich selbst weiterzuspielen.«

»Das ganze Training würde keinen Sinn machen, wenn man sich im entscheidenden Moment nicht darauf verlassen könnte, die Mechanik so tief verinnerlicht zu haben, daß sie der Spannung standhält. Das gilt natürlich nicht nur für das Golfspiel, sondern für alle Bereiche des Lebens. Schau doch nur Troy Aikman, den bekannten Football-Spieler, an. Wenn er seine Punkte machen muß, hat er überhaupt keine Zeit, über Technik nachzudenken. Er vertraut einzig darauf, den Football dorthin spielen zu können, wohin auch immer er ihn haben möchte. Warum sonst sollte er dies zuvor stundenlang trainieren?«

»Was nun den Punkt ›Sich-Zeit-nehmen‹ betrifft, so meine ich, daß man zu hundert Prozent vorbereitet sein sollte, bevor man einen Schlag ausführt. Bei schlechtem Wetter dauert die Vorbereitung natürlich länger. Also muß ich mir auch etwas mehr Zeit nehmen.«

Wir erinnerten uns in diesem Zusammenhang an die US Masters, als Ben Crenshaw auf der 72. Bahn ein Birdie zum Sieg benötigte, während ihm ein Par den Einzug ins Stechen gesichert hätte. Es regnete. Und Bens Handschuh war naß. Dennoch spielte er den zweiten Schlag auf dieser letzten Bahn, verfehlte das Grün, spielte ein Bogey und wurde Zweiter.

»Ben hat sich damals etwas hetzen lassen«, sagte Tommy. »Es hätte nur eine Minute gedauert, aus dem Bag einen neuen, trockenen Handschuh zu holen, um sich dann entsprechend gut für den Schlag zu fühlen.«

»Aber es war halt einer dieser Situationen«, fuhr Tommy fort, »wo man denkt, es würde schon auch so gehen. Weil man glaubt, den Schlag sowieso zu können. Um ihn dann doch nicht zu können!«

»Lee Trevino meinte damals, daß es ihm egal wäre, wenn der Spieler seinen Caddie zum Pro-Shop schicken würde, um einen neuen Handschuh zu kaufen. Denn wenn der Masters-Titel greifbar nahe vor einem liegt, dann darf man den Ball nicht schlagen, bevor man nicht hundertprozentig darauf vorbereitet ist. Versteh' mich nicht falsch – ich mache Ben hier keine Vorwürfe. Dafür sind mir so dumme Dinge selbst oft genug passiert.«

»Als ich bei der US Open am Sonntagmorgen aufwachte, ins Freie trat und Wind sowie Regen spürte, wußte ich, daß ich eine exzellente Siegchance hätte. Es galt nur, mir Zeit zu nehmen und mir selbst zu vertrauen.«

Tommy dachte an jenem Tag bei jedem Schlag nur an das Ziel.

Christy Kites Geschichte

Gleich nach seinem US Open-Sieg mußte Tom weiter nach St. Louis, wo er am Montag einen Schaukampf bestreiten sollte. Da Monterrey in Kalifornien nicht sehr verkehrsgünstig liegt und ich auch wenig Lust verspürte, die Nacht alleine dort zu verbringen, entschloß ich mich, Tom erst einmal nach St. Louis zu begleiten, um dann am Montag morgen nach Austin weiterzufliegen.

An diesem Abend flogen zwei Privatmaschinen nach St. Louis. Die meisten Spieler waren mit dem ersten Flieger abgereist, so daß nur Craig Stadler und wir die zweite Maschine nehmen sollten.

Da der Flug Verspätung hatte, ging Craig noch zum Abendessen, während wir alleine im Flugzeug blieben. »Tu' mir einen Gefallen«, sagte Tom. »Geh' am Dienstagmorgen als allererstes zu Penick und lege ihm diese Trophäe in den Schoß.«

Am Dienstagmorgen nahm ich also die Trophäe und fuhr zum Austin Country Club, wo Mister Penick gerade einer Dame aus Rhode Island eine Trainerstunde gab. Ich stieg aus dem Wagen und sagte: »Mister Penick, das hier ist für Sie.«

Und mit den Worten »Tom sagt, daß Sie großen Anteil an diesem Sieg haben«, legte ich ihm die US Open-Trophäe in den Schoß.

Mister Penick begann zu weinen. Ich begann zu weinen. Und bald weinten alle um uns herum. Und lachten zugleich.

Ich wünschte, Tom hätte Mister Penick die Trophäe persönlich überbringen können. Aber da er verhindert war, tat ich es an seiner Stelle. Eines ist sicher: Es war ein schönes Erlebnis.

Entscheide Dich!

Bei jedem Golfschlag gilt es, zu überlegen, was genau Sie erreichen möchten. Sie dürfen am Ausgang des Schlages nicht den geringsten Zweifel haben. Ganz so, wie einer meiner Freunde einmal seine Lebensphilosophie formulierte: »Ich mag ja falsch liegen, aber ich hege niemals Zweifel.«

Wenn Sie vor einem Golfschlag zweifeln, wie können dann Ihre Muskeln wissen, was Sie von ihnen erwarten. Was die meisten Durchschnittsgolfer allerdings nicht zu begreifen scheinen, ist, daß dies nicht nur für den 60 Zentimeter-Putt, sondern für jeden Golfschlag gilt.

Eines Samstags sah ich mir das Bob Hope-Turnier im Fernsehen an und sah Tom Kite scheinbar leichtfertig einen Putt vorbeischieben, der so kurz war, daß er ihn eigentlich mit nur einer Hand hätte lochen können und müssen.

Worauf der Fernsehkommentator sagte, Tommy hätte das Gefühl für den Schlag verloren. Ich hatte auch gesehen, daß es kein sehr guter Schlag gewesen war, bezweifle jedoch jeglichen Zusammenhang zwischen dem Bewegungsablauf und dem vorbeigeschobenen Putt.

Am Tag darauf lochte Tommy so gut wie alles, spielte Platzrekord und gewann das Turnier mit einem Ergebnis von 35 unter Par.

Als er wieder zu Hause war, sprach ich mit ihm über den vergebenen Putt.

»Ich hatte den gleichen Putt schon in der Übungsrunde«, erzählte er. »Das Grün hat an dieser Stelle soviel Break, daß man glaubt, er nähme überhaupt kein Ende. Als ich mich im Turnier auf den Putt vorbereitete, dachte ich, ich müßte außerhalb der rechten Lochkante ansetzen. Dann schaute ich mir die Linie aber noch einmal an und entschloß mich, doch weniger Break zu spielen. Ich konnte einfach nicht glauben, daß er soviel brechen würde.«

»Statt abzusetzen und mich erst einmal richtig auf den Putt einzustellen, habe ich den Ball dann gespielt – und vorbeigeschoben. Weil ich zuvor nicht die richtige Einstellung für diesen Putt gefunden hatte, und weil ich ganz einfach nicht ausreichend auf ihn vorbereitet war.«

»Am Sonntag wußte ich, daß ich mich auf mein Putten verlassen könnte. Denn ich hatte mir vorgenommen, mich voll und ganz auf jeden Putt einzustellen.«

Wenn einem US Open-Sieger solch eine Einstellung abverlangt wird – wie kann ein Durchschnittsgolfer erwarten, mit weniger auszukommen?

Die Dame aus Kalifornien

Ich gab einer Dame aus Kalifornien eine Trainerstunde. Sie spielte bereits ein sehr gutes Golf, wollte sich aber auf eine einstellige Vorgabe verbessern.

Irgendetwas war falsch.

Sie schlug den Ball durchaus zufriedenstellend, blieb dabei aber unzufrieden und nervös.

Nach einer halben Stunde sagte sie: »Harvey, was Sie mir erzählen, ist zu einfach. Es ist so einfach, daß ich es nicht verstehen kann.«

Es war nicht das erstemal, daß mir vorgeworfen wurde, die Dinge zu einfach zu sehen. Und es sollte auch nicht das letztemal sein!

Es gibt nun mal Schüler, die nicht zufrieden sind, ehe sie der Lehrer mit einer Unmenge an technischen Erklärungen konfrontiert, denen sie dann nicht folgen können. Sie wollen vom Lehrer mit Golfschwung-Theorien vollgestopft werden!

Diese Schüler bleiben nicht bei mir, sondern wechseln zu einem anderen, klügeren Lehrer.

Was mir nichts ausmacht!

Ich sehe meine Aufgabe nicht darin, Theorie zu lehren. Ich lehre einfache Dinge, die zu guten Ergebnissen führen.

Die Dame aus Kalifornien blieb hartnäckig: »Ich verstehe nicht, was Sie meinen, wenn ich das Tee streifen soll.«

»Aber genau das haben Sie doch gerade gemacht«, sagte ich. »Sind Sie mit dem Ergebnis etwa nicht zufrieden?«

»Doch, das Ergebnis ist in Ordnung. Aber ich möchte wissen, warum das Ergebnis gut ist.«

»Weil Sie Ihr Schlägerblatt rechtwinklig zum Ziel schwingen, wenn Sie das Tee streifen«, erklärte ich.

»Das weiß ich auch«, sagte sie. »Aber warum schwingt mein Schlägerblatt dann square zum Ziel?«

»Weil das natürlich ist!« entgegnete ich.

»Das ist keine gute Antwort«, gab sie sich noch immer nicht zufrieden.

Einige Tage zuvor hatte ich dem Tour-Pro Tommy Aaron eine Stunde gegeben. Ich hatte ihn den ganzen Nachmittag lang beim Bälle-Schlagen beobachtet, bis er mich am Ende nach meiner Meinung fragte.

»Du schlägst hervorragende Bälle«, sagte ich. »Daran kann's nicht liegen, daß Du nicht gewinnst.«

»Woran liegt es dann?« fragte er.

»Ich weiß es nicht«, sagte ich.

Das war sicher nicht die Antwort, die Tommy von mir erhofft hatte. Aber es war eine ehrliche.

Die Dame aus Kalifornien steckte ihren Schläger zurück in ihren Bag, zog sich den Handschuh aus und sagte: »Sie stellen es zu einfach dar. Sie müßten meinem Mann Stunden geben, der ist dumm genug, Sie zu verstehen. Was schulde ich Ihnen für diese Stunde?«

»Nichts«, sagte ich.

»Das kann ja wohl nicht Ihr Ernst sein«.

»Wie kann ich etwas von Ihnen verlangen, wenn ich Ihnen nicht geholfen habe?« fragte ich.

»Aber das wäre mir peinlich. Ich muß Ihnen doch Ihre Zeit bezahlen.«

Sie verließ mich verärgert, weil ich ihr Geld nicht annahm. Es gibt Menschen, denen kann man es einfach nicht recht machen.

Der Richter

Er war ein Richter und kam von außerhalb. Er hatte ein Problem mit seinem enormen Leibesumfang. Wenn er sich so stellte, daß er den Ball sehen konnte, konnte er ihn nicht mehr ansprechen. Wenn er sich aber so stellte, daß er ihn schlagen konnte, konnte er ihn nicht mehr sehen.

Nach fünf Trainerstunden in einer Woche hatte ich wenig tun können, um seinen Schwung zu verbessern. Als er sich auf den Heimweg machte, wollte ich ihm wenigstens noch einen aufmunternden Ratschlag mit auf den Weg geben.

»Richter«, sagte ich, »ich möchte Ihnen einen Vorschlag machen, der Ihnen helfen wird, mehr Freude an Ihrem Spiel zu haben.«

»Was ist das?« fragte er neugierig.

»Spielen Sie immer mit sauberen Golfbällen.«

Bleib' am Ball

Schlechten Spielern ist es oft peinlich, mit guten Spielern zu spielen.

Tatsache ist, daß ihr Spiel niemanden stört, solange sie ihre Mitspieler nicht in deren Spielrhythmus stören.

Gute Spieler sind mit ihrem eigenen Spiel so beschäftigt, daß sie weder das Spiel ihrer Mitbewerber beobachten, noch sich deren Schwünge ansehen werden.

Wenn der schlechtere Spieler sie aber aus dem Spielrhythmus bringt, werden sie ihn bemerken – und möglicherweise in nicht gerade freundlicher Form darauf reagieren.

Wenn der schlechtere Spieler seine gute Laune verliert, herumschreit, Schläger wirft, sein Glück verflucht oder die Putts von beiden Seiten mit dem Zentimetermaß ausmißt, können die besseren Spieler sehr ungehalten werden. Sie werden den schlechteren Golfer zukünftig meiden – nicht nur auf dem Golfplatz, sondern auch im Berufs- und Privatleben!

Behalten Sie daher Ihre gute Laune, spielen Sie flott – und Sie werden jederzeit als Mitspieler willkommen sein!

Übung macht den Meister

Eine Dame aus Boston bat mich in einem Brief, ihrem Mann beim Putten zu helfen.

Ihr Mann, so schrieb sie, sei Senior und ein guter Spieler, der normalerweise »um die 75« spielt. Aber in letzter Zeit ließe ihn sein Putten immer mehr im Stich. Was ihm das Leben sehr, sehr schwer machen würde.

Sie fragte an, ob ihr Mann nach Austin kommen könnte, um bei mir einige Stunden zu nehmen.

Meiner Meinung nach, so antwortete ich ihr, sei es am besten, wenn ihr Mann in Boston bliebe und sich dort ganz dem Training des kurzen Spiels widmen würde.

Denn wenn er als Senior noch 75er-Runden spielen kann, muß er ein guter Putter sein. Sein Problem läge daher wahrscheinlich nicht in seiner Putt-Technik, sondern in seinem mangelnden Gefühl für die Putts.

Also empfahl ich ihr:

Ihr Mann solle viel Zeit auf dem Putting-Grün verbringen, wo er jeweils mit nur einem Ball versuchen solle, jeden Putt zu lochen. Später solle sich ihr Mann dann gemeinsam mit einigen anderen Senioren täglich kleinere Putt-Matche liefern. Sie sollten dabei um Geld spielen – nicht soviel, daß es die Spieler nervös macht, aber doch soviel, daß es auf einen guten Score ankommt.

Nach nur ein paar Wochen würde er besser putten, als jemals zuvor in seinem Leben. Wie übrigens auch seine Freunde.

Ich kann es nicht oft genug sagen... Ihr Senioren – oder auch erfahrene Spieler – nehmt Euren Putter und einen einzigen Ball und geht aufs Putting-Grün!

Wahrscheinlich könnt Ihr den Ball nicht mehr so weit schlagen wie ein junger Spieler, aber es gibt absolut keinen Grund, warum Ihr den Jüngeren nicht mit erfolgreichem Putten bezwingen können solltet.

Tom Kites Geschichte

Es war, als ich so fünfzehn oder sechzehn Jahre alt war. Ich hatte bereits vier Jahre lang mit Herrn Penick gearbeitet und bei einem dieser Junioren-Turniere gut abgeschnitten. Ich kehrte nach Hause zurück, zufrieden und selbstsicher.

Ich nehme an, daß damals zu Herrn Penick durchgesikkert war, daß ich etwas überheblich geworden sei.

(30 Jahre lang hat er mich aufgefordert, ihn Harvey zu nennen, aber ich kann das einfach nicht. Er mag der einzige Lehrer sein, von dem ich dieses Angebot nicht annehmen kann. Ich habe einen so großen Respekt vor ihm, daß ich manchmal versuche, »Harvey« zu sagen und dennoch immer »Mister Penick« hervorbringe.)

Wie dem auch sei – mit meinem Junioren-Erfolg in der Tasche bat ich ihn um eine Stunde.

Wir gingen auf die Driving-Range und er beobachtete mich einige Schläge lang. Es war also alles wie immer.

Als wir fertig waren, wollte er schon fortgehen, als er sich noch einmal zu mir umdrehte und sagte: »Tommy, Du hast schon viel Erfolg gehabt. Du hast wirklich gut gespielt und ich bin stolz auf Dich. Aber ich will, daß Du eines niemals vergißt: Du bist, was Du bist. Und nicht, was Du tust.«

Dann ging er davon.

Diese Worte haben mich sehr getroffen. Es war, als ob mir jemand einen Holzbalken über den Kopf gezogen hätte.

Es war mir klar, was er meinte.
Seither habe ich immer versucht, entsprechend zu leben.

Der wahre Weg

Ich beobachtete vier meiner texanischen Universitäts-
Spieler, die an einem Frühlings-Nachmittag am ersten
Abschlag standen.
Sie diskutierten darüber, ob sie nach Winter- oder Som-
merregeln spielen sollten.
»Was meinen Sie, Coach?« fragten sie mich.
Ich antwortete: »Nun, Ihr könnt jetzt Golf spielen, oder
ihr könnt Euch natürlich auch auf etwas anderes einigen
– nur spielt Ihr dann ein anderes Spiel.«
Sie verstanden sofort, was ich meinte.
Im Golf wird der Ball so gespielt, wie er liegt.

Die Schlägerwahl

Gute Spieler, unabhängig ihrer Spielstärke, haben eines
gemeinsam: Sie wissen, wann welcher Schläger zu
spielen ist.
Ich sage hier bewußt »unabhängig ihrer Spielstärke«,
weil es ja auch viele Golfer mit hohen Handicaps gibt,
die auf ihrem Niveau gute Spieler sind. Dann nämlich,
wenn sie zumeist ihr Handicap spielen. Und dementsprechend gegen jeden anderen Golfer antreten können.
Aber der Durchschnittsspieler weiß nicht, wie weit er
seine Eisen schlagen kann. Wenn überhaupt, hat er eine
vage Idee davon, wie weit sein bester Schlag fliegt. Er ist

sich über seine Entfernungen überhaupt nicht sicher. Selbst wenn er weiß, wieviele Meter die Entfernung zum Grün beträgt, so weiß er noch lange nicht, welchen Schläger er dafür benötigt.

Der Durchschnittsgolfer vermutet – und nimmt einen Schläger. Noch handelt er voller Vertrauen. Dann aber erinnert er sich daran, daß Vertrauen das Gefühl ist, das Du nur hast, bis Du eines Besseren belehrt wirst.

Er macht den Schlag trotz seiner inneren Zweifel. Und ab und an hat er sogar Erfolg.

Denken Sie aber, welchen Vorteil ein guter Spieler genießt, der genau weiß, wie weit er seine Eisen schlägt. Er kann ganz auf seinen Schwung vertrauen.

Ich war in der glücklichen Lage, große Spieler gesehen zu haben, die bei der Schlägerwahl stets eine bewundernswerte Sicherheit vorwiesen. Ben Hogan und Betsy Rawls kommen mir hierbei als erste in den Sinn. Und insbesondere einer meiner Spieler aus dem texanischen Universitäts-Team.

Sein Name war Wesley Ellis. Er hatte die gottbegnadete Gabe, sich immer für den richtigen Schläger zu entscheiden.

Normalerweise folgte ihm sein Hund über den Platz, der ihm stets ruhig gegenüber saß, wenn Wesley schlug. Dieses Bild werde ich niemals vergessen. Ich glaube, daß auch der Hund großes Vertrauen in seinen Spieler hatte.

Ein besonderer Schläger

Wenn Ihnen jemand einen Driver schenkt, werden Sie sich wahrscheinlich nach dem »Warum« fragen.

Ich habe niemals von einem Spieler gehört, der einen Driver weggab, mit dem er selber gut zurechtkam.

Für fast alle Golfer ist der Driver der am schwierigsten zu spielende Schläger. Ich habe Arnold Palmer gesehen, der in der Golfwerkstatt an einem halben Dutzend Drivern feilte und schnitzte, damit sie ihm besser in der Hand lagen. Und der möglicherweise am nächsten Tag mit dem nächsten halben Dutzend Schlägern die gleiche Prozedur wiederholte. Wenn ein Spieler mit einem Driver zurecht kommt, behält er ihn für immer – oder zumindest, bis seine Liebe zu Ende geht. Dann allerdings trennt er sich von dem Schläger, der fortan mit acht oder zehn anderen Drivern unbeachtet in einer Kammer – oder dem Kofferraum – liegen wird.

Golfer haben ein noch komischeres Verhältnis zu ihrem Driver als zu ihrem Putter!

Ich erinnere mich, wie 1962 ein Hersteller einen neuen Driver vorstellte, dem der Ruf vorauseilte, mehr Länge zu vermitteln. Einer meiner Texas-Jungs, Billy Munn, erzählte mir, daß er sich diese neue Wunderwaffe kaufen wolle. »Ich habe gar nicht mitbekommen, daß Du Deinen alten Driver zerbrochen hast. Laß' mal sehen, ob ich ihn richten kann«, sagte ich daraufhin.

Dem Driver, mit dem Billy sehr gut zurecht kam, fehlte gar nichts. Wie alle Golfer war Billy nur von einem Werbe-Versprechen beeindruckt.

Die Geschichte von Byron Nelson zeigt, welches Verhältnis Golfer zu ihrem Driver haben.

Mitte der dreißiger Jahre, als Byron als junger Pro sein Dasein fristete, teilte er seiner Frau Louise mit, daß die magere Haushaltskasse einen neuen Driver hergeben müsse. »Byron, seit unserer Hochzeit habe ich mir weder ein neues Kleid noch neue Schuhe geleistet«, sagte Louise. »Du hingegen hast Dir schon vier neue Driver angeschafft. Entweder weißt Du nicht, welchen Driver Du willst, oder Du weißt nicht, wie man ihn spielt.«
Am nächsten Morgen nahm Byron einen seiner Driver mit in den Pro-Shop. Er bearbeitete ihn so lange, bis er ihm angenehm in der Hand lag, und er spielte mit ihm eine lange, lange Zeit.

Ein Golf-Gedicht

Lieber Gott
Vor langer Zeit
Standen eine handvoll Bürger
An der Grenze einer Weide.
Mit gebogenen Stöcken in der Hand
Und mit Steinen
Machten sie die ersten Drives.
Die eines Tages
Zum Golfspiel werden sollten.

Nur einer dieser ersten Golfer
Hatte Begabung
Im Gegensatz zu allen anderen.
Und dieser eine Begabte
Verurteilte die anderen
Zum Leben in Hingabe
Und oftmals in Verzweiflung.

Gib' uns die Gnade, Oh Herr,
Zu spielen mit Schlägern
Die Du segnetest.
Und hilf' uns
Durch nichts trüben zu lassen
Unsere Einschätzung
Und unseren Stand.

Wir flehen Dich an, Oh Herr
Heile unseren Slice
Und mache unseren Hook gerade.
Gib' uns sauber getroffene Drives
Und verbessere die Lage unserer Bälle
Um nur eine kleine Winzigkeit
Gegenüber unseren Kontrahenten.

Gib' uns die Weitsicht und die Kraft
Unsere Augen auf dem Ball zu lassen
Und unseren Griff so beizubehalten
Daß wir ihn immer empfinden können.
Und mache unsere Gedanken und Herzen
So rein
Wie den Platz, den wir spielen.

Hierum bitten wir Dich
In Deinem Namen.

Amen.

Monsignor Richard E. McCabe beim Caritas Charity Dinner in Austin, Texas, am 24. November 1992

Gib' dem Glück eine Chance

Davis Love III spielte schon seit geraumer Zeit auf der Tour. Jedermann war sich einig, daß er ein großes Talent mit einem wunderschönen Schwung war. Diesen verdankte er seinem Vater, Davis Love jun., der während seiner College-Zeit an der Universität von Texas einer meiner Schüler gewesen war.

Doch trotz Talent und effizientem Schwung hatte Davis III noch kein Turnier gewonnen. Daher schickte ihn sein Vater zu mir in der Hoffnung, daß ich ihm weiterhelfen könne.

Ich beobachtete Davis III einige Schläge lang. Seine Bälle flogen wie Kanonen. So schnell und so weit, daß ich sie aus den Augen verlor.

Bestens sehen konnte ich hingegen seinen Schwung. Ich machte ein paar kleine Anmerkungen. Nicht viele. Dann gingen wir zum Übungsgrün.

Davis III begann aus fünf Metern auf ein Loch zu putten. Und da sah ich etwas, was ich gar nicht gerne sehe.

Bis auf die Putts, die genau die Lochmitte trafen, liefen all seine Putts einen Meter über das Loch hinaus.

Ich habe schon immer gesagt, daß »Never up, never in« (»Nie lang genug, nie im Loch«) eine der dümmsten Golf-Weisheiten ist.

Helen Dettweiler meinte gar, man sollte besser »Immer lang genug, nie im Loch« sagen.

Und Bobby Jones machte deutlich, daß ein zu kurzer Putt zwar niemals ins Loch gehen kann, ebensowenig aber ein zu langer. Drei Putts geschehen viel häufiger, nachdem der erste Putt zu weit über das Loch hinausrollte, als wenn der erste kurz davor liegenblieb.

Nachdem ich Davis III einige Zeit beim Putten zugesehen hatte, meinte ich: »Versuch' doch bitte, Deine Putts ums Loch herum ausrollen zu lassen. Arbeite an der Geschwindigkeit Deiner Putts und an Deinem Schlaggefühl. Wenn Deine Putts in der Nähe des Lochs zur Ruhe kommen, werden sie auch beginnen, hineinzufallen. Es geht bei dieser Distanz nicht darum, jeden Putt zu lochen. Es gilt, den Ball in die Nähe des Lochs zu spielen.« Ich sah, wie er über diese Worte nachdachte.

Worauf ich hinzufügte »Mit Putts, die in der Nähe des Lochs ausrollen, gibst Du dem Glück eine Chance.«

Einige Wochen später lochte Davis III am 17. Loch in Harbour Town einen Zehn-Meter-Putt und gewann das Turnier.

Sein aufgeregter Vater rief mich noch am gleichen Abend an.

»Er hat mir erzählt, daß er genau das befolgt hat, was Sie ihm gesagt haben«, berichtete Davis jun. »Er hat den Putt nur zum Loch gespielt und dem Glück dadurch eine Chance gegeben. Und das Glück war ihm hold.«

Die Sitzbank

Ein Golfer kam von irgendwo aus Ohio nach Austin, um bei mir Chip-Unterricht zu nehmen.

Ich sah mir seine Technik eine Weile an, wobei ich das Wichtigste des Chips ein ums andere Male wiederholte: »Stellen Sie sicher, daß Ihre Hände während des ganzen Schwungs vor dem Schlägerkopf bleiben. Oder zumindest auf gleicher Höhe mit ihm.«

Dann holte ich eine Bank aus dem Umkleideraum und stellte sie an den Grünrand.

»Chippen Sie nun bitte unter dieser Bank durch und lassen Sie den Ball zum Loch ausrollen«, sagte ich. »Ich lasse Sie mit dieser Übung alleine und komme in etwa 30 Minuten wieder.«

Als ich zurückkam, chippte er wie ein Meister.

»Genau so«, lobte ich. »Jetzt können Sie gut Chippen.« Er eilte mit seinen Schlägern zum Auto und kehrte nach Ohio zurück.

Einige Abende später nahm Helen einen Telefonanruf entgegen.

»Harvey«, rief Sie mir zu, »da ist jemand von einem Club aus Ohio dran. Er sagt, sein Freund könne plötzlich hervorragend Chippen. Aber gleichzeitig sei der Freund ein Lügner vor dem Herren geworden, denn kein Mensch glaubt ihm die Geschichte vom Chip unter einer Bank hindurch.«

Anleitungen für Golflehrer

Es war in meinem sechsten Jahr als Head-Pro, 1929, als ich in meinem Pro-Shop einen Bleistift und ein schwarzes Buch aus der Schublade nahm. In das Buch schrieb ich, nur für mich, das, was ich heute eine Anleitung für mein Verhalten als Golflehrer – und als Mensch – nennen möchte.

Ich nehme nicht für mich in Anspruch, Urheber dieser Lebens-Prinzipien zu sein. Sie sind größtenteils so alt wie die Bibel. Aber ich schrieb sie nicht nieder, weil ich sie in der Sonntagsschule gelernt hatte. Sondern, weil sie mir in der Folge ein Leben lang tagtäglich geholfen haben.

Die Anleitung basierte auf all meinen Erfahrungen als Caddie, Golfshop-Manager und Lehrer. Hinter ihnen steht einfacher Menschenverstand. Aber wenn sie so einfach zu befolgen wären, warum hätte ich sie dann 1929 in dem schwarzen Buch niedergeschrieben?

Während einer Unterrichtsstunde mit einem etwas aufsässigen Schüler ertappte ich mich plötzlich dabei, sehr hart zu sagen: »Es wäre schön, wenn Ihr Gehirn und Ihre Muskeln genauso gut aufeinander abgestimmt wären wie Ihre Kleidung«.

Der Blick des zutiefst verletzten Schülers veranlaßte mich zu einer Entschuldigung. Ich erzählte ihm, daß er Fortschritte mache, und daß wir die Stunde besser an einem Tag fortsetzen sollten, an dem ich mich als ein besserer Lehrer erweisen würde.

Danach ging ich in den Pro-Shop, nahm das schwarze Buch und schrieb nachfolgende Anleitung, an die ich mich für den Rest meines Lebens halten sollte.

Ebenso wie die Grundelemente des Golfschwungs sind die Prinzipien meiner Anleitung leicht zu lernen. Aber sie erweisen sich als wertlos, wenn man sich nicht nach ihnen richtet.

Und, ebenso wie die Grundelemente des Golfschwungs, sind die Prinzipien meiner Anleitung auch leicht zu vergessen. Auch ich muß sie alle paar Tage wieder lesen, um mich ihrer zu erinnern.

Nachfolgend, was ich damals niederschrieb:

Sei immer selbstkritisch und überlege, was Du falsch machen könntest. Kritisiere niemals andere, das weckt nur Ressentiments. Spreche nicht böse über andere, sondern verbreite nur das Gute, das Du über sie weißt. Laß' Dir mit der Beurteilung anderer Zeit. Auch Gott wartet bis zum Ende!

Jeder Mensch möchte gerne wichtig sein. Kritik vom Lehrer kann daher alle Hilfs-Bemühungen im Keim ersticken. Sei großzügig mit Lob und bedächtig beim Finden von Fehlern.

Jede Nationalität (und jeder Mensch) empfindet Stolz und ein Gefühl der Überlegenheit. So wird sich ein wichtiger Eskimo einem Vanderbilt überlegen fühlen. Und die meisten Leute, auf die Du triffst, werden sich auf die eine oder andere Weise Dir überlegen fühlen. Gib' Ihnen zu verstehen, daß Du Dich Ihrer Bedeutung bewußt bist. Aber vermeide Schmeicheleien.

Emerson sagte: »Jeder ist in gewisser Weise mein Vorgesetzter.« In diesem Bewußtsein lerne ich von ihnen.

Der beste Weg, einen Schüler etwas Bestimmtes tun zu lassen, ist ihm Freude an der Übung zu vermitteln. Motiviere den Schüler, etwas zu üben, was Du vorschlägst.

Diskutiere und argumentiere nicht – auch wenn Du im Recht bist. Du verlierst damit nur die Kooperations-Bereitschaft des Schülers.

Sage dem Schüler nicht, daß er falsch liegt. Die meisten Menschen sind sich gegenüber voreingenommen und möchten Fehler nur sich selbst gegenüber eingestehen. Man möchte nicht, daß einem ein anderer die Fehler vor Augen führt.

Ich werde niemals soviel wissen, daß ich nicht noch dazulernen könnte.

Zwinge dem Schüler nicht Deine Meinung auf. Vermeide daher Wörter wie »Sicher«, »Unbestreitbar« oder »ohne Zweifel«. Sondern sage stattdessen: »Ich glaube«, »Ich gebe zu«, »Es erscheint mir im Moment« oder »In einigen Fällen mag es ja richtig sein, aber der vorliegende Fall scheint anders zu liegen«.

Wenn ich mich geirrt habe, gebe ich das unumwunden zu – und suche nicht nach Entschuldigungen. Das nächste Mal werde ich es besser machen, oder zumindest anders.

Sei freundlich. Stelle Dich nicht in den Mittelpunkt. Denke nicht an Dich. Höre anderen Menschen zu und zeige Dich an Ihnen interessiert, ob es ein Caddie, Mitglied oder wer auch immer ist. Versuche herauszufinden, was sie tun und was sie beschäftigt.

Versuche, Dir Namen zu merken.

Versuche, mit einfachen Worten zu sprechen.

Ein Pro geht, wie jeder Mensch, entweder vor- oder rückwärts. Wohin gehe ich?

Versuche, im Leben, beim Lehren und beim Spielen bescheiden zu bleiben. Die Umstände wenden sich gegen uns, wenn wir den harten Weg einschlagen.

Das Leben besteht aus einer Vielzahl unwichtiger Kleinigkeiten und nur wenigen Dingen von echter Bedeutung.

Wir werden häufig durch unsere Vorgesetzten falsch beurteilt. Niemals aber durch unsere Untergebenen.

Ein großes Herz zeigt sich normalerweise an einer sanften Stimme.

Beende eine Aufgabe, bevor Du eine neue beginnst.

Höre allen Menschen zu. Normalerweise kennst Du sie gut genug, um zu wissen, ob sie Wissenswertes oder Wichtiges zu sagen haben.

Es geht nicht darum, das zu tun, was man als »richtig« oder »am besten« einschätzt. Man muß auch auf Ratgeber hören. Ich muß Mitgliedern, Caddies und Freunden ein Vorbild sein.

Lächle, wenn Du etwas hergibst, ganz egal, wie sehr es Dich schmerzt. Dies gilt auch, wenn Du jemandem einen Dienst erweist.

Sei stark, wenn Du verlierst, und bleibe bescheiden, wenn Du gewinnst.

Eine gute Möglichkeit, jemanden einzuschätzen, ist ihn sagen zu lassen, wofür es seiner Meinung nach Mut bedarf. Ein Räuber glaubt, sein »Beruf« verlange nach Mut. Ein Arzt meint, es erfordere Mut, eine riskante Operation durchzuführen. Und ein Prediger wird möglicherweise sagen, daß es Mut bedarf, Menschen nach der Lehre Jesus Christus' leben zu lassen. Denn die Gemeinde könnte ihn dafür kritisieren.

Unterrichten ist die beste Werbung für einen Lehrer. Caddies sind gute Werbeträger. Sie beobachten Dich und kopieren Dich, wenn sie sehen, daß Deine Lehrmethode gut ist.

Fast alle Dinge, die Menschen belasten, entstehen aus Mißverständnissen über einige wenige Grundsätze.

Was auch immer ich über »Rekordzeiten, um ein Scratch-Spieler zu werden« höre... Der einzige Weg, ein guter Spieler zu werden, ist hartes Üben, ein solider Schwung und eine gesunde Einstellung. Ich versuche, dem Schüler einen korrekten Schwung beizubringen. Der Schüler muß lernen, mit diesem Schwung den Ball zu schlagen und ins Loch zu spielen.

Spiele nicht zu viel Golf oder Karten mit den Clubmit-
gliedern. Sprich sie mit »Herr« und »Frau« an. Und ach-
te darauf, daß auch Deine Assistenten das tun. Halte
Dich aus dem gesellschaftlichen Leben des Clubs heraus.

Von einem Arzt erwarte ich nur, daß er sich mein Anlie-
gen zu Herzen nimmt. Das gleiche gilt für mich als Golflehrer. In erster Linie gilt es für mich, zu verstehen, wie
und was der Schüler denkt. Das eigentliche Lehren muß
einfach gehalten sein. Versteife Dich nicht auf die Technik. Sondern versetze Dich in die Lage des Schülers.

Die lieben Regeln

Mark Brooks, einst Student an der Universität von
Texas, der heute auf der Tour spielt und Mitglied
im Colonial Country Club von Fort Worth ist,
stattete mir einen kurzen Besuch ab. Dabei erinnerte ich
mich, wie er Opfer der dümmsten Regel im Golfspiel
wurde.
Natürlich bin ich der Meinung, daß Golf-Regeln strikt
eingehalten werden müssen. Ebenso wie ich der Meinung bin, daß die Gesetze eines Landes respektiert und
eingehalten werden müssen. Was aber nichts daran ändert, daß die eine oder andere Golfregel geändert werden
könnte.
Mark bereitete sich bei einem Turnier auf einen Putt
vor. Er markierte den Ball und rollte ihn quer über das

Grün zu seinem Caddie, der ihn reinigen sollte. Der Caddie aber verfehlte den Ball, der daraufhin durch dessen Beine hindurch in ein Wasserhindernis lief.

Worauf Mark seine Schuhe und Socken auszog und im Wasser nach seinem Ball fischte. Er fand neun Golfbälle – seinen aber nicht!

Der Ball war nicht verloren, weil er ja auf dem Grün markiert war. Andererseits konnte er nicht gespielt werden, weil er im Wasser verschwunden war.

Der Platzrichter verhängte daraufhin zwei Strafschläge, wobei er sich auf die Regel berief, wonach ein Spieler das Loch mit dem Ball beenden muß, mit dem er es begonnen hat. Sofern der Ball nicht verloren geht. In diesem Falle sieht das Regelbuch einen Strafschlag und Distanzverlust vor.

Das war einer der Fälle, wo Dir Dein Menschenverstand das eine und das Gesetz das andere sagt.

Bei einer nationalen PGA Meisterschaft in Denver landete ein Ball im Schoß einer Dame, die auf einem Sitzstock hinter dem Grün saß.

Sie sprang erschrocken auf, wodurch der Ball aus ihrem Schoß fiel und runde vier Meter zum Loch rollte. Mir kam die Aufgabe zu, über den Sachverhalt zu richten. Wobei der betroffene Pro relativ gut im Turnierrennen lag.

Die Frage war nun, ob der Ball die Dame getroffen hatte oder ob er nur in ihrem Schoß zum Liegen gekommen war.

Denn wenn der Ball von ihr abgesprungen war, so war der Pro berechtigt, den Ball dort zu spielen, wo er jetzt lag. Also nahe dem Loch.

Der Spieler hatte zwar all meine Sympathien, aber ich entschied, daß der Ball im Schoß der Dame zur Ruhe gekommen war. Wodurch der Pro den Ball dort, wo sie gesessen hatte, droppen mußte. Was ihm einen schwierigen Down-hill-Chip bescherte.

Bei jenem Turnier rollte Arnold Palmers Ball am selben Loch ein ganzes Stück über das Grün hinaus. Worauf einige Zuschauer, die dort tranken und wetteten, ihn nahmen und zurück aufs Grün warfen.

Die Frage war nun: Wo sollte Arnold droppen?

Joe Dey und ich diskutierten über diese Frage. Wobei Joe meinte, daß Arnold Palmer dort droppen solle, wo der Ball seiner Meinung nach zur Ruhe gekommen war, da wir alle ja die tatsächliche Stelle nicht kannten. Auch ich konnte keine andere Regelauslegung finden.

Auf einer anderen Bahn lag ein Ball tief im kniehohen Rough, 40 Meter vor einem Bunker.

Die Regel besagt, daß man das Gras auseinanderziehen darf, solange man den Ball sucht. Aber so wie man den Ball einmal gefunden hat, kann das Gras nicht mehr auseinandergedrückt werden.

Der Pro hatte seinen Ball gefunden und bereitete sich auf seinen Schlag vor. Aber wie er den Ball ansprach, konnte er ihn nicht mehr sehen – so tief lag dieser im Gras.

Ich sah, wie sich der Pro vorbeugte und versuchte, das Gras etwas zu lichten, um wenigstens einen Schimmer seines Balles zu sehen.

Das hätte natürlich zwei Strafschläge bedeutet. Ich beobachtete den armen Pro, der im tiefen Gras stand, einen schier unmöglichen Schlag vor sich und Rechnungen zu bezahlen hatte. Und ich hielt meinen Mund.

Und siehe da! Mit einem gewaltigen, kraftvollen Hieb schlug der Pro den Ball aus dem Gras über den Bunker hinweg aufs Grün. Es war ihm anzusehen, wie sehr er sich über diesen Schlag freute.

Ich lächelte und ging davon.

Wilmers Kümmernisse

Wilmer Allison, der große Tennisspieler und -trainer, war ein begeisterter Golfer.

Eines späten Nachmittags spielten wir eine Runde und kamen zu einem Par-5-Loch. Wilmer schlug einen guten Drive in die Mitte des Fairways. Er machte einen guten zweiten Schlag und hatte nur noch einen kurzen Pitch aufs Grün.

Und dann socketierte Wilmer den Ball.

Er lag nun hinter dem Bunker, wo er den Ball erneut socketierte. Worauf Wilmer fast hinter dem Grün lag, als er sich für den nächsten Pitch-Schlag vorbereitete.

Und den erneut socketierte.

Nun lag Wilmer links vom Grün, wo er zwei Probeschwünge machte, ehe er einen weiteren Socket folgen ließ.

Nach diesen vier Sockets in Folge hatte Wilmer einen Kreis ums Grün gedreht und lag nun wieder inmitten der Spielbahn vor dem Grün.

Alle lachten – mit Ausnahme von Wilmer, der seinen Putter aus dem Bag nahm und den Ball damit aufs Grün legte.

»Okay, Wilmer«, sagte einer von uns, als wir das nächste Tee erreichten, »Das war der Socket des Abends«.

Raten Sie mal, wohin Wilmers Drive ging!

Die Kraft der negativen Gedanken

Ungeachtet dieser leidvollen Socket-Erfahrung verlor Wilmer Allison so gut wie nie ein Golfspiel. Wobei er die Spiele schon immer gewonnen hatte, bevor es überhaupt losging.

Er würde zum Beispiel niemals gegen Sie spielen, wenn Sie ihn schlagen könnten. In diesem Falle würde er Sie zu seinem Partner machen.

Während der ganzen Runde würde Wilmer dann über sein Pech lamentieren, dem größten, das jemals einem Golfer widerfahren ist. Überhaupt machten Wilmers Bälle niemals glückliche Sprünge. Und sie lagen auch niemals gut. Und jeder Break lief gegen ihn.

Das war Wilmers Art, seine Gegner zu irritieren und sie gleichzeitig in einem falschen Gefühl der Sicherheit zu wiegen. Das sich dann oft in Fehleinschätzungen und Flüchtigkeitsfehlern bemerkbar machte.

Tatsächlich wußte Wilmer, daß der Gegner keine Chance hatte. Sein Lamentieren war nur ein Mittel zum Zweck.

Ich sagte meinen Spielern immer, sich nur um das eigene Spiel zu kümmern. Wer sich anhört, was der Gegner erzählt, wird nur auf falsche Gedanken gebracht.

Die Meisterin

Nicht nur, daß Mickey Wright einen der besten Golf-schwünge in der Geschichte des Golfsports hat (manche sagen gar, es wäre der beste!), sie ist auch eine der angenehmsten Menschen, die ich je das Vergnü-gen hatte, zu unterrichten und zum Freund zu gewin-nen.

Als sie im Alter von 58 Jahren gefragt wurde, warum sie sich für ein ruhiges Leben entschieden hatte und ihre zahlreichen Titel sowie ihre Aufnahme in die Golf-Ruh-meshalle (»Hall of Fame«) nicht in bare Münze umge-wandelt hatte, antwortete Mickey: »Es interessiert mich nicht, aus meinen Namen eine Million Dollar zu machen, noch jeden anderen Betrag. Für mich wird Golf und das Schwingen des Schlägers immer das reine Ver-gnügen sein.«

Übe es zuerst!

Als Darrell Royal noch das Football-Team der Uni-versität von Texas trainierte, hätte er nie von sei-nen Jungs einen Spielzug verlangt, den sie nie zu-vor geübt hatten.

In meinen Augen sollte sich auch ein Golfer niemals an einem Schlag versuchen, den er vorher nicht mehrere Male geübt hat.

An windigen Tagen gehen die meisten Golfer auf den Platz und wollen den Ball entweder niedrig oder hoch in den Wind spielen. Dabei würden sie sich an beiden Schlägen bei normalen Witterungsbedingungen niemals versuchen.

Einzige Ausnahme: Ein Golfer muß eine Wedge über den Bunker spielen. Dann versucht er, einen hohen, leichten Ball zu schlagen. Auf der Übungswiese sieht man jedoch nicht viele Durchschnittsgolfer mit einer Wedge in der Hand.

Es ist übrigens viel empfehlenswerter, auf der Driving-Range verschiedene Schläge zu üben, als Stunde um Stunde einen Ball nach dem anderen planlos wegzuschlagen.

Ich rate dem Durchschnittsgolfer aber immer, sich für einen Lieblings-Schläger zu entscheiden, wie beispielsweise das Eisen 7. Mit diesem Schläger gilt es dann festzustellen, wie weit man es schlagen kann bzw. ob man es auch hoch, niedrig, slicen oder hooken kann.

Ein Durchschnittsgolfer kann auf einen einzigen Schläger ein brauchbares Spiel aufbauen!

Der Mann hat Schuld

Eines der größten Probleme im Damengolf sind die Ehemänner.

Ein Mann sagt seiner Frau nach fast jedem Schlag, sie hätte sich aufgerichtet.

In der Folge wird die unglückliche Frau versuchen ihr Bestes zu geben, um »unten zu bleiben«. Aber so kann sie den Ball nicht treffen! Vielmehr wird sie hinter dem Ball in den Boden treffen oder den linken Arm im Treffmoment abbiegen.

Die häufigste Ursache für das Aufrichten besteht in dem bewußten, verkrampften Versuch, »unten zu bleiben«. Sie können sich nur dann aufrichten, wenn Sie bei der Ballansprache zu weit unten sind.

Die Frau sollte denken: »Kinn nach oben, aufrecht stehen« statt »Bleib' unten«.

Er bereitet mir Schmerzen – dieser schreckliche Golf-Ratschlag, den die Ehemänner ständig ihren Frauen geben. Über Jahre hinweg bedrängte der Mann von Joan Whitworth, die eine meiner Lieblingsschülerinnen war, seine Frau, »ihren Kopf still zu halten«. Das führte dazu, daß sie so blockiert war, daß ich sie nur mit viel Mühe wieder zu einem freien Schwung bringen konnte. Joan war eine gute Sportlerin. Wie schade, daß ihr Ehemann Harry seine Golfweisheit nicht für sich behalten konnte.

Kinder

Ich versuche nicht, Kindern Golf zu lehren. Was sie brauchen, ist jemand, der ihnen beim Lernprozeß zur Seite steht. Lassen Sie sie spielen und helfen Sie nur, wenn die Kinder darum bitten. Oder wenn Sie sehen, daß eine gewisse Schwung-Entwicklung nach dem Ratschlag eines Lehrers verlangt.

Der »Crosshanded« Griff

Wenn sie das erstemal einen Golfschläger schwingen, greifen ihn die meisten Kinder kreuzhändig. Ein rechtshändiges Kind wird also die linke Hand unterhalb der rechten auf den Griff legen.

Ich glaube, das liegt daran, daß das Kind instinktiv weiß, daß der linke Arm im Treffmoment gestreckt sein muß, wenn es einen Golfball mit dem Schläger treffen will. Versuchen Sie's! Nehmen Sie einen Schläger und schwingen Sie ihn langsam mit einem kreuzhändigen Griff. Sie werden sehen, was ich meine!

Ein Rechtshänder hat beim kreuzhändigen Griff keine Möglichkeiten, den linken Arm im Treffmoment nicht gestreckt zu haben. Der Arm wird sich zwar im Rückschwung abwinkeln, aber er wird sich im Abschwung wieder strecken.

Beim herkömmlichen Golfschwung, bei dem die linke Hand oberhalb der rechten greift, kann der linke Arm im Treffmoment angewinkelt sein. Ein bei schlechten Spielern sehr verbreiteter Fehler.

Die meisten Kinder werden über kurz oder lang die Erwachsenen imitieren und dabei ihren kreuzhändigen Griff rasch aufgeben. Einige aber bleiben beim kreuzhändigen Schwung.

Mehrere Sommer lang entkam ich der texanischen Hitze, indem ich als Gastlehrer in Cherry Hills in Denver tätig wurde. Mein Sohn Tinsley war damals Assistent im Pinehurst Club am anderen Ende der Stadt. Es war eine sehr schöne Zeit für mich.

In Cherry Hills hatte ich eine freie Lehrgenehmigung erhalten, die mich frei entscheiden ließ, wieviel Zeit ich für den jeweiligen Schüler aufbringen wollte beziehungsweise sollte. Wenn ich der Ansicht war, daß einem Schüler in zehn Minuten genug gesagt gewesen sei, konnte ich gehen. Andererseits konnte ich mich auch einen ganzen Tag lang einem Schüler widmen, wenn ich dies als notwendig erachtete. Dies ist mein bevorzugter Unterrichtsstil.

In Cherry Hills traf ich einen netten jungen Assistenten namens Buddy Phillips, der ebenso gerne lehrte wie übte. Er übte geradezu wie eine Maschine, legte sich einen Ball nach dem anderen zurecht und jagte ihn dann die Driving-Range hinunter. Ab und zu mußte ich ihm den

Schläger richtiggehend aus der Hand nehmen, um ihn zu einer Unterbrechung zu zwingen.

»Andere Sportler gönnen sich auch mal 'ne Pause«, erinnerte ich ihn dann. »Komm, setz' Dich einen Moment auf Deinen Golfbag.«

Buddys dreijähriger Sohn Tracy schwang kreuzhändig. Und Tracy konnte den Ball blind schlagen, ohne daß die geringste Gefahr bestand, daß er ihn verfehlen würde.

Einmal sagte der große Trickgolfer Paul Hahn zu Tracy: »Paß auf, schau' auf den Ball.«

Worauf Tracy den Ball schlug und gleichzeitig die Spielbahn hinabblickte. Er hatte die Aufforderung so verstanden, daß er die Flugbahn des Balles verfolgen solle.

Worauf sich Buddy zu ihm niederbeugte und flüsterte: »Mister Hahn meint, Du sollst den Ball hier auf dem Tee anschauen.«

Wir müssen sehr sorgfältig abwägen, was wir Kindern in der Lernphase sagen.

Buddy fragte mich wegen Tracys kreuzhändigem Griff um Rat. Ich riet ihm, den Jungen weiterhin so schwingen zu lassen, wie der es für richtig empfindet. Denn mit zunehmendem Alter würde er den Griff spätestens dann ändern, wenn er es in bezug auf Distanz mit Gleichaltrigen aufnehmen wolle.

Tracy erkrankte im Alter von sechs Jahren schwer an einer Hüftknochen-Krankheit. Worauf er während der nächsten zweieinhalb Jahre auf dem linken Bein stehend, das rechte Bein in einer Schlinge, spielte.

Auf einem Bein hüpfte er stundenlang ums Putting- und Chipping-Grün herum. Mit neun Jahren hatte er die Krankheit besiegt. Kurze Zeit später fragte Tracy seinen Vater, ob er weiterhin kreuzhändig spielen solle.

Buddy nahm eine Schachtel neuer Titleist- und eine

Schachtel neuer Maxfli-Bälle und ging mit seinem Sohn zum Abschlag. Dort sagte er: »Nun schlage drei Bälle mit Deinem bisherigen und dann drei Bälle mit dem anderen Griff. Dabei werden wir schon sehen, welcher Griff Dir mehr Länge bringt.«

Die Bälle mit dem nicht-kreuzhändigen Griff flogen länger. Die Entscheidung war gefallen.

Allerdings behielt Tracy bei Chips und Putts den kreuzhändigen Griff bei. Was ich ihm übrigens auch empfohlen hätte, weil das linke Handgelenk beim kreuzhändig gespielten Schlag fester bleibt.

Tracy hatte sich als Junge noch eine andere Eigenart angewöhnt, die ich ebenfalls als sehr gut einschätze: Beim Chippen und Putten schaute er nicht den Ball an, sondern blickte zum Loch.

Dies ist eine hervorragende Art und Weise, um ein Gefühl für den Schlag zu entwickeln. Schließlich: Der Basketball-Spieler schaut beim Freiwurf auch auf den Korb und nicht auf den Ball.

Zumindest beim Üben sollten Sie, meiner Meinung nach, bei jedem Putt das Loch anschauen. Allerdings – Tracy tat es auch auf der Runde.

Mit fünfzehn Jahren bekam Tracy seine erste Stunde von mir. Er war inzwischen zu einem hervorragenden Spieler geworden und hatte eines der besten kurzen Spiele, die ich kenne.

Später gewann Tracy die nationale Junioren-Meisterschaft, den World Cup der Junioren sowie rund weitere 80 Junioren-Titel.

Heute unterrichtet Tracy als Pro in Dallas. Und ich wette, daß er ein guter Lehrer ist. Sein Vater Buddy ist Head-Pro in Cedar Ridge, einem großen, wohlhabenden Club in Tulsa. Was wir alle daraus lernen sollen? Wenn Ihr Kind kreuzhändig spielen möchte, lassen Sie es. Kinder tun nur das, was sich für sie natürlich anfühlt.

Der linke Arm

Ein guter Schwung hängt nicht davon ab, ob der linke Arm am höchsten Punkt des Rückschwungs gerade ist.

Allerdings – im Treffmoment muß der linke Arm absolut gerade sein.

Das Geheimnis des Golfschwungs

Es war zu einer Zeit, als der Austin Country Club noch am Riverside Drive lag. Ich ging gerade vom Parkplatz zum Pro-Shop, als ich von der Driving-Range meinen Namen gerufen hörte.

»Harvey! Harvey! Ich hab' es gefunden. Ich habe das Geheimnis gefunden.«

Die Stimme gehörte einem Mitglied, das ich seit Jahren, allerdings mit sehr mäßigem Erfolg, betreute.

»Harvey, ich habe das Geheimnis des Golfschwungs entdeckt. Ich kann gar nicht glauben, daß es so einfach ist«, jubelte er.

»Das müssen Sie mir bitte näher erklären«, sagte ich.

»Worin liegt denn bitte das Geheimnis des Golfschwungs?«

Das Mitglied bekam vor Aufregung große Augen.

»Das Geheimnis ist, daß sich der Golfschwung genauso anfühlen muß, als wenn ich einen Ball mit einem Stock schlagen würde!«

»Wirklich?« sagte ich, bemüht, nicht zu lachen. Ich erinnerte mich an den berühmten Lehrer Percy Boomer, zu dem ein Schüler eines Tages sagte: »Percy, Du erklärst es hinten herum. Du sagst, ich solle driven, wie ich putte. Aber in Wirklichkeit geht es darum, zu putten, wie ich drive.«

Mein Schüler fuhr fort: »Es könnte gar nicht verständlicher sein. Es ist so sicher, wie die Sonne aufgeht und Licht über die Dunkelheit bringt. Ich kann die ganze Technik vergessen. Ich muß den Schläger nur so schwingen, als wenn ich einen Ball mit einem Stock schlagen würde. Da ist doch gar nichts dabei. Ich weiß nicht, warum Ihr Pros so ein Geheimnis daraus macht.«

Worauf ich sagte: »Nachdem Sie nunmehr das Geheimnis entdeckt haben, brauchen Sie fortan wahrscheinlich keinen Trainer mehr, oder?«

Mit einem »Vielen Dank, Harvey. Das ist sehr großzügig von Ihnen« nahm er das Angebot an.

Einige Monate später zog er in eine andere Stadt. Ich hörte nie wieder etwas von ihm. Nachdem er das Geheimnis entdeckt hatte, hielt es an. Vermute ich.

Schlag' hart zu

Ich versuche, meine Schüler von Anbeginn an den Ball hart schlagen zu lassen. Auch mit den kurzen Eisen.

Ich glaube, daß man dabei bleiben wird, wenn man am Anfang den Ball leicht schlägt. Denn die Muskeln werden lernen, langsam zu arbeiten. Wodurch der Spieler immer ein Längen-Problem haben wird.

Manchmal dauert es länger, sich etwas abzugewöhnen, als es zu erlernen.

Der Hersteller als Zielhilfe

Golfer aller Spielklassen haben den Trick beigebracht bekommen: Den Ball auf dem Grün so hinzulegen, daß die Marken-Aufschrift auf die Zielrichtung ausgerichtet ist. Dies scheint mir nicht ganz regelkonform zu sein, denn man darf auf dem Grün keine Zielhilfe in Anspruch nehmen. Schließlich darf man den Putt auch nicht auf den Fuß des Caddies ausrichten, falls der in der Verlängerung der Putt-Linie steht.

Aber ich wüßte nicht, wie eine Golf-Regel gegen die Marken-Aufschrift-Ausrichtung in Kraft gesetzt werden könnte. Wobei ich ohnehin glaube, daß die Ausrichtung des Hersteller-Aufdrucks auf die Ziellinie von geringer, wenn nicht gar keiner, Bedeutung ist. Es handelt sich dabei wohl mehr um ein Ablenkungs-Manöver als um eine effektive Spiel-Hilfe.

In meinen Augen sollte sich der Spieler besser auf das Loch und seinen Ball konzentrieren, als auf den Marken-Aufdruck. Der »Trick«, den Ball-Aufdruck als Ausrichtungs-Hilfe auf die Ziellinie zu benutzen, sollte in erster Linie dazu dienen, den Kopf frei zu machen, um sich besser auf die Putt-Länge einstellen zu können. Aber ich glaube, daß das Ergebnis zumeist eher das Gegenteil ist. Zudem passiert es nur allzu oft, daß ein Durchschnittsspieler den Ball-Aufdruck auf die Ziellinie ausrichtet, dann aber bei der Ansprache des Balles das visuell bedingte Gefühl bekommt, ihn falsch »justiert« zu haben. Womit der Sinn der »Operation« gänzlich verloren geht. Die meisten Spieler, unabhängig ihrer Spielstärke, können Ziellinien sehr gut erkennen. Es ist das Gefühl für die Putt-Länge, die einen Spieler, der gut puttet, von einem anderen unterscheidet.

Slice und Hook

Wenn ich einen neuen Schüler bekomme, der hookt, weiß ich, daß eine leichte Zeit vor mir liegt. Möglicherweise muß ich mich nicht mehr als zehn Minuten diesem Schüler widmen.

Aber wenn der Schüler sliced, dann stehen wir vor Problemen, die unüberbrückbar erscheinen. Denn Slicer können ihr Spiel nicht verbessern. Im Gegenteil. Je mehr Bälle sie schlagen, desto schlimmer wird sich der Slice entwickeln.

Ich wüßte auch nicht, wie Gewohnheits-Slicer das faszinierende Prickeln dieses Spiels erfahren sollten.

Als erstes erkläre ich daher einem Schüler, der sliced, wie man einen Hook schlägt.

Was eine schöne Weile in Anspruch nehmen kann.

Aber wenn der Slicer einmal Hooks schlägt, wird es ein leichtes sein, seinen Schwung wieder zu korrigieren.

Ein Schüler schrieb mir kürzlich: »Ich weiß, daß es auf meine Frage keine Antwort geben kann. Aber ich stelle sie dennoch. Was kann ich gegen meinen Slice unternehmen? Worauf sollte ich zunächst mein Augenmerk richten? Wo ist der wahrscheinliche Grund für meinen Slice zu suchen? Gibt es überhaupt eine Rettung für eine arme Seele wie mich?«

Natürlich gibt es die!

Ein anderer Lehrer schickte mir einen seiner Schüler mit einem Brief, in dem es hieß: »Harvey, wenn Sie ihn vom Slice befreien können, dann können Sie auch Tote zum Leben erwecken.«

Worauf wir Nachfolgendes unternahmen:

Ich gab ihm ein Eisen 7 in die Hand, wobei ich bei ihm einen genügend starken Griff sicherstellte. Ich ließ ihn seine »V's« deutlich in Richtung seiner rechten Schulter ausrichten. Ich legte Wert auf den Dreiknöchel-Griff, wobei ich aber darauf achtete, daß der Schüler nicht seine ganze Konzentration darauf richtete, die drei Knöchel zu zählen. Mit auf die rechte Schulter ausgerichteten »V's« spielt man unter normalen Umständen automatisch mit dem Dreiknöchel-Griff.

Danach richtete ich die Füße, Hüften und Schultern meines Schülers parallel zur Ziellinie aus. Und wir stellten gemeinsam sicher, daß sich der Schüler in seinem Unterbewußtsein nicht mit einem Slice abfand. Denn wer mit einem Slice rechnet, der wird auch einen schlagen.

Und dann fingen wir an...

Ich wollte, daß sich der Schüler parallel zur Zielrichtung ausrichtet, damit sein Ball gerade dieser Zielrichtung entlang startet und anschließend einen Bogen nach links dreht. Wobei der Distanz keine Bedeutung zugemessen wurde.

Der Schlag sollte aus der Rotation der Unterarme gegen den Uhrzeigersinn erfolgen. Und nicht aus dem Handgelenk!

Der Ball sollte gerade starten, weil ich verhindern wollte, daß der Schüler von innen nach außen schwingt. Vielmehr wollte ich eine Schwungrichtung, die innerhalb der Ziellinie verläuft.

Fragen Sie nun aber bitte nicht, warum! Richten Sie sich parallel zur Zielrichtung aus und schwingen Sie Ihr Eisen 7 mit dem Dreiknöchel-Griff innerhalb der Ziellinie, so daß der Ball gerade startet und anschließend nach links abdreht.

Der Schüler, der zu mir mit der »Toten-zu-Leben-Erwecken«-Notiz kam, spielt heute einen langen Hook und ist glücklich, links im Rough zu liegen. Für einen chronischen Slicer erscheint das Rough auf der linken Fairwayseite wie ein unerreichbares Paradies, wenngleich auch nur eine Weile lang.

Wir werden uns wohl recht bald um seinen Hook kümmern müssen.

Druck

Während der 33 Jahre, die ich als Coach des texanischen Universitäts-Teams fungierte, begleitete ich meine Jungs nur sehr selten zu auswärtigen Wettkämpfen. Und ich ging auch nicht mit auf die Runde, wenn sie Heimspiele bestritten.

Normalerweise sah ich mir den ersten Abschlag an, sah sie, wenn sie vom neunten Grün zum zehnten Abschlag gingen und erwartete sie dann wieder am 18. Grün.

Ich erinnere mich an ein Spiel, bei dem ich mich in der Umkleidekabine versteckte und durch den Vorhang hindurch beobachtete, ob der Mannschafts-Kapitän einen wichtigen Ein-Meter-Putt auf dem 18. Grün verwandeln könne. Er lochte. Als ich daraufhin nach draußen rannte, um ihm zu gratulieren, sagte er: »Ich wußte, daß Sie dort drinnen waren.«

Meine Mannschaft zu auswärtigen Spielen zu begleiten, stand außer Frage. Als Hcad-Pro des Austin Country Clubs hatte ich einfach zu viel zu tun. Aber warum ließ ich meine Spieler auch bei Heimspielen auf dem Platz alleine?

Weil ich glaube, daß meine Anwesenheit den Druck nur noch verstärkt hätte, unter dem die Spieler sowieso schon standen.

In Texas gab es einmal einen Football-Spieler, Bobby Layne, der unter Druck richtiggehend aufblühte. Wenn die Menge jubelte und alle verrückt spielten, konnte Coach Blair Cherry ihn mit einem »Bobby, geh' raus und mach' uns den Punkt« auf den Platz schicken. Und Bobby antwortete mit einer Höchstleistung, die nur zu oft vom Erfolg belohnt wurde.

Aber stellen Sie sich vor, ich nehme mir einen Golfer aus dem Team beiseite und sage: »Paß mal auf, lieber Freund, unser Sieg hängt von Dir ab. Geh' raus und loch' mir den Drei-Meter-Putt.«

Ich habe Basketball-Trainer gefragt, was sie ihrem Spieler sagen, wenn er einen sehr wichtigen, möglicherweise gar spielentscheidenden Wurf zu machen hat. Das ist, in meinen Augen, der nächstmögliche Vergleich zu einem wichtigen Golfschlag.

Denn im Golf gibt es niemanden, der Dir den Gegner vom Hals halten oder einen Paß für Dich annehmen kann. Im Golf ist man alleine mit seinen Gedanken, seinem Herzen und seinen Muskeln.

Die meisten Basketball-Trainer sagten, sie hätten ihre Spieler mit einem »Sei jetzt nur Du selbst« beruhigt. Ab und zu bekam ich auch die Antwort, daß der Trainer den Spieler mit »Das ganze Spiel liegt auf Deinen Schultern. Du mußt schauen, daß Du durchkommst« motivierte.

Die beste Antwort, die ich bekam, kam von Trainern, die sagten: »Man muß seine Spieler gut genug kennen, um zu wissen, wie sie auf Druck reagieren.«

Als Betsy Rawls an der Universität von Texas studierte – die Universität hatte zu jener Zeit kein Damen-Team – fragte ich sie, ob ich ein besserer Trainer wäre, wenn meine Spieler Angst vor mir hätten. So, als wäre ich ein Priester oder ein Offizier. Betsy konnte zwar für kein

Team spielen, aber sie meldete sich zu vielen Meister-schaften und übte fleißig, was sich später mit der Auf-nahme in die Golf-Ruhmeshalle auszahlen sollte.

Betsy ist eine imponierende Persönlichkeit mit einem Prädikatsabschluß in Physik. Hätte sie sich nicht für Golf entschieden, hätte sie auch überall anders ihren Weg gemacht.

Sie überlegte lange und sagte dann: »Nein, nicht in Ih-rem Falle. Ihre Spieler wissen, daß Sie früh aufstehen und spät zu Bett gehen. Und daß Sie dazwischen an uns denken. Wir wissen auch, daß Sie immer für uns da sind. Das ist alles, was wir brauchen.«

Dave Williams war an der Universität von Houston ein erfolgreicher Mannschaftsbetreuer. Er spielte zwar selbst kein Golf und unterrichtete es auch nicht, aber er verstand es, gute Spieler einzukaufen. Und sie auf Erfolg zu trimmen, auch wenn er sie dafür unter Druck setzen mußte.

Einige Golfer spielen gut, manche sogar besser, wenn sie unter Druck stehen. Andere hingegen halten dem Druck nicht stand.

Darin liegt auch der Grund, warum ich Kindern keinen Putt schenke, sie an jedem Loch ausputten und an je-dem Loch um irgendeinen Einsatz spielen lasse. (Und wenn's auch nur etwas Symbolisches ist!) Nur so lernen sie, auch unter Druck spielen zu können.

Ich habe erlebt, wie Spieler wegen der geringsten Klei-nigkeit ihren Spielfluß verloren. Selbst bei den ganz Großen können die Nerven so angespannt sein, daß die geringste Kleinigkeit sie aus dem Rhythmus wirft. Ich erinnere mich an ein Turnier, bei dem der Schatten ei-nes Zuschauers quer über die Putt-Linie von Tommy Bolt lief. Tommy schaute zum Himmel auf und schrie:

»Herr, wie kann man von einem Menschen erwarten, einen Putt in der Dunkelheit zu senken.«

Ich bin mir nicht sicher, welche P.G. Wodehouse-Geschichte es war... Aber ich muß jedesmal lachen, wenn ich an den Titelhelden denke, der von den Schmetterlingen in der angrenzenden Wiese zu ablenkt wurde, um seinen Ball zu schlagen.

Die Unberechenbaren

Viele gute Spieler schaffen auf der Tour den Durchbruch nicht, weil sie offenbar nicht regelmäßig hintereinander gute Runden spielen können.

Sieger müssen vier gute Runden ins Clubhaus bringen, oder zumindest drei. Aber die Spieler, die ich »Die Unberechenbaren« nenne, sind keine Sieger. Und ihre Namen werden von den Sportseiten der Tageszeitungen recht bald wieder verschwinden.

Natürlich ist kein »Unberechenbarer« wie der andere. Aber es gibt keine einzige Erklärung, warum sie alle auf eine 68 eine 77 folgen lassen.

Ich glaube, daß ich Tagebuch führen würde, wenn ich meinen Lebensunterhalt mit Turniergolf verdienen müßte.

In diesem Tagebuch würde ich alles festhalten. Bin ich zum Abendessen ausgegangen? Was habe ich gegessen? Mit wem bin ich ausgegangen? Über was haben wir gesprochen? Habe ich Alkohol getrunken? Wie lange habe ich geschlafen? Und wie gut?

Wie habe ich mich physisch gefühlt? War ich müde? Hatte ich eine Erkältung? Wie fühlte ich mich emotional? Habe ich mich über etwas aufgeregt oder geärgert?

Haben mich irgendwelche Kleinigkeiten abgelenkt? War ich mit meinen Gedanken bei der Sache? Wie stand es um meine Energie?

Außerdem würde ich meinen Score und die Anzahl der Putts festhalten. Ebenso wie allgemeine Bemerkungen über die Rahmenbedingungen meines Spiels.

Wahrscheinlich würde ich meinen Tagebuch-Eintrag jeweils als letzte Handlung vor der Bettruhe ansehen. Eines ist sicher: Keinen Abend würde ich vergessen, etwas in meinem Tagebuch zu notieren.

Was würde mir als Profi-Golfer dieses Tagebuch bringen? Ich bin sicher, daß beim regelmäßigen Nachlesen sich gewisse Muster herauskristallisieren würden.

Mein Tagebuch könnte mir beispielsweise zeigen, daß ich besser spiele, wenn ich abends zuvor in Gesellschaft von unterhaltsamen Leuten Spaghetti gegessen und mir anschließend noch einen lustigen Film im Fernsehen angesehen habe.

Es könnte sich natürlich auch herausstellen, daß sich unterhaltsame Gesellschaft, Spaghetti und lustige Filme negativ auf mein nächsttägiges Golf-Ergebnis auswirken.

Eine Prognose darüber, was das Tagebuch an den Tag bringen kann, ist nicht möglich. Gerade deswegen ist es so wichtig, eines zu führen.

Die Führung eines Tagebuchs ist die einzige Empfehlung, die ich einem »Unberechenbaren« geben kann.

Man verliert nicht seinen Schwung zwischen dem neunten und zehnten Loch. Und man verliert auch nicht seinen Schwung vom einen auf den anderen Tag. Und der, der dennoch gerade das glaubt, der hat irgendetwas überhaupt nicht verstanden.

Das Tagebuch könnte es ihm vor Augen führen.

Kampf dem »Ausbluten«

Alle guten Spieler erreichen während ihrer Runde einen Punkt, an denen ihnen das Spiel aus den Händen zu gleiten droht.

Ich spreche hier nicht über die »Unberechenbaren«. Ich spreche von den konstanten, guten Spielern, die ohne erkennbaren Grund plötzlich einige Bogeys oder gar ein bis zwei Double-Bogeys spielen. Die Spieler nennen das »Bleeding« (Ausbluten). Und sie fragen mich, wie sie das »Ausbluten« verhindern können.

Wie bereits gesagt, in meinen Augen verliert ein guter Spieler seinen Schwung nicht zwischen einem Grün und dem nächsten Abschlag oder zwischen dem Abschlag und dem Grün-Anspiel.

Ursache für »Ausbluten« mögen ungünstige Umstände sein, mit denen der Spieler einfach fertig werden muß. Gute Spieler müssen günstige Umstände für Birdies nützen, während ungünstige Umstände nicht dazu führen dürfen, daß sich das ganze Spiel wendet und die Einstellung zum Spiel verloren geht.

Klammert man also die ungünstigen Umstände aus, so bleiben als Ursache für das »Ausbluten« nur die Gedanken, denen sich der Spieler zwischen den einzelnen Schlägen jeweils fünf bis zehn Minuten lang hingibt.

Denkt der Spieler auf dem Weg vom Abschlag zum zweiten Schlag etwa an seinen Score? Denkt er gar an die nächsten Löcher? Denkt er beispielsweise »Ich lege jetzt hier eine mutige Wedge tot zum Birdie, am langen und schwierigen 17. Loch will ich das Grün mit zwei Schlägen zum sicheren Birdie erreichen und ein abschließendes Par auf der 18. Bahn sichert mir einen großen Batzen vom Preisgeldkuchen?«

In diesem Falle lebt der Spieler nicht nur viel zu sehr in der Zukunft, um noch ein gutes Golf spielen zu können, zudem hat er zugelassen, daß sich der finanzielle Aspekt in seine Gedankenwelt eingeschlichen hat. Es mag ja Gold und Reichtum auf ihn warten – aber nicht, wenn er davon träumt. Die Belohnung gibt es nur Schlag für Schlag. Jeder Schlag will wohldurchdacht sein, denn Golf spielt sich in der Gegenwart ab.

Wenn Sie Ihre Gedanken für jeden Schlag frei machen können, dann haben Sie alle Voraussetzungen eines Meisters.

Das ist das, was ich unter »Behalte Dein Ziel im Auge« verstehe. Ich meine damit, die Gedanken von allem frei machen und nur an das Ziel des jeweiligen Schlages denken zu können. So sind auch die Muskeln frei, das zu tun, was sie zu tun haben.

Die Muskeln eines guten Spielers tun das – wenn sie frei dafür sind.

Nehmen wir nun den Fall, daß Sie plötzlich über Geschäftliches und Berufliches nachzudenken beginnen. Sie wissen zwar, daß es ein ungeeigneter Moment dafür ist, aber Sie schaffen es einfach nicht, diese Gedanken wieder auszuschalten. Die Gefahr des »Ausblutens« ist nun gegeben. Was können Sie dann tun?

Schicken Sie ein Stoßgebet gen Himmel – das ist die beste Antwort, die ich Ihnen geben kann.

Der schnelle Demaret

In unserem ursprünglichen Austin Country Club – dem ersten unserer drei Standorte – stürmte eines Tages der junge Jimmy Demaret in den Pro-Shop und bat mich, mit ihm eine Runde zu spielen.

»Ich arbeite etwas an meinem Schwung, laß' uns schauen, wie ich damit zurecht komme«, sagte er.

In späteren Jahren, als er dank seiner drei US Master-Titel zu Golf-Ruhm gelangte, war Jimmy etwas fülliger geworden. Auch wurde er berühmt für seine farbenfrohe Kleidung, durch die der Golfsport viele neue Fans gewann.

Aber an dem Tag, über den ich hier spreche, war Jimmy schlank, rank, hatte große, kräftige Unterarme und kräftige Hände. Auch ich hatte sehr kräftige Hände, die ich dem jahrelangen Bürsten und Polieren von Golfschlägern verdankte. Aber ich war bei weitem nicht so stark wie Jimmy.

Jimmy war einer der umgänglichsten Menschen, die man sich vorstellen kann, und sein geistreicher Humor rückte ihn auf die gleiche Ebene mit Bob Hope oder Bing Crosby.

Schon als junger Mann hatten Sonne und Wind ihre faltigen Spuren in meinem Gesicht hinterlassen. Wobei ich denke, daß ich meine Falten auch einer Erb-Veranlagung verdanke. Jimmy pflegte zu sagen: »Harvey, ich könnte Dir einen Eimer Wasser über den Kopf schütten und nicht ein Tropfen würde den Boden erreichen«.

Wie auch immer... Jimmy und ich gingen auf die Runde im ursprünglichen Austin Country Club.

»Was für eine Schwungumstellung verfolgst Du denn?« fragte ich ihn am ersten Abschlag.

»Ich versuche, meine Ellenbogen im Durchschwung weit vor mir zu halten«, antwortete er.

Ich schaute mir seinen Schwung an diesem Tag sehr aufmerksam an, aber es war mir nicht vergönnt, ihn sehr oft zu sehen.

Denn Jimmy spielte 30 und 29, also eine 59er-Runde.

Seither unterstreiche ich die Notwendigkeit, die Ellbogen während des Durchschwungs vorne zu halten.

Glück

Als Tommy Kite auf der Finalrunde der US Open in Pebble Beach am siebten Loch zum Birdie einchipte – war das Glück? Oder war es schlicht ein perfekt gespielter Ball?

Oder war es ein perfekt gespielter Ball, der daher eine entsprechende Chance hatte, ins Loch zu gehen?

Wenn ich jemandem Mut zusprechen möchte, sage ich »Spiel' gut« anstelle von »Viel Glück«.

Schönheit ist nicht alles

Den besten Schwung aller meiner Schüler aus dem Universitäts-Team von Texas hatte ein Junge namens Ray Leggett. Er schlug den Ball wie ein Pro. Aber er hatte ein physisches Problem, das ihn schließlich auch seine Golf-Karriere kosten sollte.

Denn Ray Leggett beendete selten seine Runde. Er spielte beispielsweise mit drei anderen Spielern los. Und wenn er dann auf der Runde einen Ball schlug, mit dem er nicht zufrieden war, dann ließ er seine Mitspieler auf dem Platz stehen und ging zum Clubhaus zurück.

Ray Leggett übte gerne und konnte mit dem Eisen 4 über einen ganzen Nachmittag hinweg Ball für Ball auf ein Handtuch schlagen.

Aber auf dem Golfplatz verlangte er zuviel von sich. Sobald er einen einzigen Ball, seiner Meinung nach, nicht perfekt getroffen hatte, hörte er für diesen Tag mit dem Spiel auf.

Ray war ein sehr netter Kerl, der keine Fehler machen wollte. Dafür verbrachte er seine Zeit auf der Driving-Range.

Es gab nichts, was ich hätte sagen können, um seine Einstellung zu ändern.

Zu jener Zeit spielte auch Davis Love jun. in unserem Team. Er wollte Golflehrer werden, nicht Touring-Pro. Er liebte es, zu unterrichten. Und auch er hatte einen sehr schönen Schwung, ähnlich dem von Ray Leggett.

Während einer Stunde stellte ich fest, daß Ray neuerdings am Ende des Rückschwungs seinen Griff veränderte. Dies ist eine sehr schlechte Angewohnheit, in die man aber leicht verfällt, und welche für den Lehrer nur sehr schwer zu erkennen ist.

Als Ray bei seinem nächsten Schwung am Ende seines Rückschwungs war, ergriff ich vorwarnungslos seinen Schläger und stoppte ihn dadurch in seinem Schwung. Denn ich wollte ihm ja seinen Fehler veranschaulichen. Davis beobachtete uns dabei aufmerksam.

Am gleichen Abend unterhielten sich die Jungs auf ihrem Zimmer noch über Golf und schwangen etwas die Schläger. Dabei stellte Davis fest, daß sein Zimmergenosse Ed Turley ebenfalls begonnen hatte, seinen Griff am Ende des Rückschwungs zu verändern.

Davis sagte Ed, er solle einen weiteren Schwung machen.

Ed tat, wie befohlen. Doch als er den Durchschwung einläutete, griff Davis nach dem Schläger – und bekam ihn eine Sekunde zu spät zum Fassen.

Der plötzliche Stop brach einen Knochen in Turleys linkem Handgelenk. Für den Rest der Saison war er außer Gefecht gesetzt.

Aber selbst mit einem gebrochenen Handgelenk spielte Ed noch genauso viele Runden wie Ray.

Paula Granoffs Geschichte

Seit über 30 Jahren spielte ich Golf. Und nun gefiel mir das Spiel nicht mehr.

Es wurde mir eine wirkliche Last – und verlangte nach sehr viel Arbeit.

Ich konsultierte fast jeden berühmten Lehrer in der Welt, mit Ausnahme von Harvey Penick. Natürlich hatte ich von ihm gehört, aber ich dachte nicht, daß ich jemals das Glück haben würde, von ihm eine Stunde zu bekommen.

Denn ich ging davon aus, daß er sich ins Rentendasein zurückgezogen hatte und nicht mehr unterrichtete.

Mein Mann, Lenny, und ich spielen das ganze Jahr über Golf. Den Winter verbringen wir in unserem Haus in Palm Beach in Florida, den Sommer in unserem Haus in Providence, Rhode Island. Ich spiele fast jeden Tag, unabhängig davon, ob es regnet oder die Sonne scheint. Lenny ist nicht ganz so in das Spiel vernarrt. Er weigert sich zu spielen, wenn es stark regnet.

Im späten Frühjahr 1992 fuhren Lenny und ich gerade von Palm Beach nach Rhode Island. Mein Rücken schmerzte. Ich hatte in Florida bei zwei berühmten Lehrern Stunden genommen, wobei mir der eine erzählt hatte, daß mein Schwung zu flach sei. Wir arbeiteten daran, ehe der zweite kam und mir erzählte, daß meine Ansprechposition verbesserungswürdig sei. Woraufhin wir daran arbeiteten. Er wies mich an, während des gesamten Schwungs gebeugt zu bleiben, wobei es meinen linken Arm steif zu halten galt. Nach zwei Monaten Trainings unter seiner Anleitung hatte ich das Gefühl, mein Rücken bräche auseinander.

Wie wir so über die Autobahn fuhren, hörte ich nebenbei Radio, dachte aber über ganz andere Dinge nach. Da hörte ich plötzlich diese Stimme, die sagte: »Harvey Penick hat ein Buch geschrieben, das nunmehr erschienen ist«.

»Lenny«, sagte ich, »ruf' bitte unsere Buchhandlung an und sag', daß wir das Buch unbedingt haben müssen und wir noch heute vorbeikämen.«

In dieser Nacht las ich Harveys Buch von der ersten bis zur letzten Seite.

Am nächsten Morgen besorgte ich mir sofort eine Sense, ganz so, wie von Harvey in seinem »Golf-Weisheiten« empfohlen.

Ich begann mit der Sense zu schwingen, als wenn sie ein Golfschläger wäre.

Ich spürte es sofort – etwas Wundervolles vollzog sich in mir.

Ich nahm mein Eisen 6 und schwang es, wie ich zuvor die Sense geschwungen hatte.

Und genau das war es! Zum ersten Male in meinem Leben konnte ich einen richtigen Golfschwung fühlen.

Es war so aufregend, als ob ich gerade den Strom erfunden hätte.

Die nächsten vier bis fünf Tage verbrachte ich damit, abwechselnd die Sense und das Eisen 6 zu schwingen. Danach meldete ich mich für die Seniorinnen-Meisterschaft von Rhode Island.

Ich war seit jeher eine brauchbare Spielerin gewesen. Ich war zwar nicht sehr lang, hatte dafür aber ein gutes kurzes Spiel. Gewonnen hatte ich jedoch noch nichts, worüber es sich lohnen würde, zu berichten. Einmal gewann ich eine Medaille, ein anderes Mal erreichte ich das Halbfinale.

Mit zwei Gedanken im Kopf – zu schwingen wie mit der Sense und das Tee zu streifen – gewann ich auf Anhieb diese Meisterschaft.

Und nicht nur, daß ich gewann. Ich gewann mit Vorsprung!

Eine meiner Mitbewerberinnen erzählte mir während des Turniers, daß sie Harveys Buch gelesen hätte. Daß sie das alles aber für einen Haufen Unsinn hielte. Ich nickte nur, lächelte und hoffte, daß sie ihre Meinung nicht ändern würde, ehe ich gegen sie gewonnen hätte.

Ich brauche Ihnen nicht zu sagen, wie aufgeregt ich war. Wenn ich mich nur durch die zwei Gedanken an das Schwingen wie mit einer Sense und das Streifen des

Tees so verbessern konnte, so durfte ich nichts unversucht lassen, um Harvey Penick persönlich kennenzulernen. Ich wollte ihn unbedingt treffen, denn ich hoffte, daß er sich meinen Griff und meinen Stand ansehen würde. Und außerdem wollte ich Harvey Penick ganz einfach reden hören.

Ich rief ihn an und sprach mit Helen, einer sehr herzlichen Frau, die in der Folge meine gute Freundin werden sollte. Wir vereinbarten, daß Lenny und ich nach Austin kämen, wo sich Harvey einige Schwünge von uns ansehen würde. Am ersten Morgen traf ich im Austin Country Club auf Helen und Harveys Sohn Tinsley, dem Head-Pro des Clubs. Tinsley erzählte mir, daß sich sein Vater nicht sehr wohl fühle und daher nicht viel Zeit mit mir verbringen könne. Das störte mich nicht. Zumindest würde ich Harvey Penick kennenlernen und hätte dann meinen Freunden einiges zu erzählen.

Tinsley ging mit mir zur Driving-Range, wo wir auf seinen Vater warteten. Ich bemerkte ein Kind, das eine sehr starke Brille trug und einen sehr schönen Schwung hatte.

»Dieser Bub hat Talent«, sagte ich.

»Ja, das ist Paul Kite, Toms Sohn«, sagte Tinsley.

Bei den Erbanlagen...

Dann kam Harvey auf einem Golf-Cart, der von einer attraktiven jungen Krankenschwester gefahren wurde. Golf-Wägen sind auf der Driving-Range eigentlich nicht erlaubt. Für Harveys Wagen wurde aber eine eigene Einfahrt geschaffen, an der ein Schild darauf hinweist, daß die Durchfahrt nur Harvey Penick erlaubt ist.

Mit seiner Golf-Mütze, seinem leichten Pullover, seinen frischgebügelten Hosen und polierten Krokodilleder-Schuhen sah Harvey sehr gepflegt aus. Aber sein Körper wirkte zerbrechlich, gebeugt vom ständigen

Schmerz der Arthritis, den er sich tapfer niemals anmerken läßt. In seinem Gesicht spiegelten Falten sein Alter und die in der Sonne verbrachten Jahrzehnte wider. Aber sein Gesichtsausdruck hatte eine große Ausstrahlungskraft, und man spürt sofort die Gegenwart einer seltenen Persönlichkeit.

Wir unterhielten uns einige Minuten lang.

Er sagte: »Es ehrt mich, daß Sie den weiten Weg von Rhode Island auf sich genommen haben, um mich zu sehen. Ich hoffe, ich werde Sie nicht zu sehr enttäuschen.«

Dann sagte er: »Ziehen Sie Ihren Handschuh aus.«

Ich verstand nicht.

Er wiederholte: »Bitte ziehen Sie Ihren Handschuh aus. Ich möchte Ihren Griff sehen.«

Hierzu wäre anzumerken, daß Harvey während der ganzen Stunde vergaß, mir zu sagen, den Handschuh wieder anzuziehen. Später meinte er zwar, daß dieses Versäumnis zu seinen häufigsten Fehlern zähle, aber ich glaube, daß dieses »Vergessen« absichtlich geschah. Auf jeden Fall habe ich seither nie wieder einen Golfhandschuh getragen.

An jenem Morgen zog ich also meinen Handschuh aus, und Harvey schaute sich meinen Griff an.

Er drehte meine Hände leicht nach rechts und machte meinen Griff dadurch etwas stärker.

»Harvey, bevor wir anfangen, möchte ich Ihnen sagen, daß mein Schwung zu flach ist«, erzählte ich ihm.

»Lassen Sie uns versuchen, Ihren linken Fuß etwas mehr im rechten Winkel zur Ziellinie zu stellen«, sagte er.

»Dann kriege ich nicht genügend Länge«, entgegnete ich.

Worauf er »Darum haben wir uns schon gekümmert« entgegnete.

»Was meinen Sie damit?« fragte ich. »Wie können wir das schon getan haben?«

»Dadurch, daß Sie Ihren Griff verändert haben, schwingen Sie jetzt steiler. Sie können nun Ihre Fußstellung verändern, ohne an Länge zu verlieren«, erklärte er mir. »Schwingen Sie nun und streifen Sie das Tee.«

Ich schlug einen sehr guten Ball, der nach einer langen Flugbahn mit einem leichten Draw wieder zur Erde kam.

»Ich hoffe, Sie freuen sich über diesen Schlag ebenso wie ich«, sagte Harvey.

Ich war überrascht, wie einfach es ist. Ich schlug einen guten Ball nach dem anderen. Doch dann fiel mir auf, daß Harvey gar nichts Besonderes gesagt hatte.

Daher fragte ich ihn, wo sich mein Schläger in der Neun-Uhr-Position befinden sollte.

Harveys Antwort war: »Vergessen Sie das. Die Spitze Ihres Schlägerkopfes zeigt auf Hüfthöhe steil nach oben. Womit alles in Ordnung ist. Worauf ich bei Ihnen Wert lege, ist, daß Sie den Schläger so greifen, wie ich es Ihnen gezeigt habe, daß Sie Ihren linken Fuß square stellen und daß Sie das Tee streifen.«

Mir wurde klar, daß ich alles über mechanische Abläufe vergessen könne. Es galt, wie ein Sportler zu denken. Insgesamt fühlte ich mich, als ob ich einen Ball werfen würde.

Nach einer Weile sagte Harvey: »Nun ist's genug.«

Aber ich traf den Ball so gut, daß ich noch etwas weitermachen wollte.

Doch Harvey wiederholte: »Lassen Sie es jetzt genug sein.«

Später, als wir uns vertrauter geworden waren, habe ich gelernt, daß er es genauso meint, wenn er »Lassen wir es jetzt genug sein« meint. Für ihn ist in diesem Moment dann alles gesagt und getan.

Damals lenkte mich eine junge Frau ab, die durch die Büsche auf uns zukam und eine silberne Trophäe in den Armen hielt.

Sie ging zu Harvey und ich hörte sie sinngemäß sagen: »Tom sagt, sie gehört Ihnen.«

Und das berührte mich sehr. Denn es wurde mir klar, daß sie die US Open-Trophäe meinte, die Tom Kite zwei Tage zuvor in Pebble Beach gewonnen hatte.

Und es war Tom Kites Frau, Christy, die die US Open-Trophäe übergab.

Es war eine sehr rührende Szene.

Danach ging Harvey mit mir aufs Putting-Grün.

Ich nahm drei Bälle aus meinem Bag und machte meinen ersten Putt. Dann machte ich meinen zweiten Putt. Harvey sagte: »Das ist genug.«

»Nur noch schnell diesen dritten Putt«, entgegnete ich.

Doch er sagte: »Das ist nicht notwendig. Sie haben einen guten Putt-Stil. Ich werde an Ihrem Putten nichts ändern.«

In diesem Moment fiel mir ein Vergleich ein... Jahrelang hatte ich auf Lehrer vertraut, die sich wie Neurochirurgen verhielten, und nun befand ich mich in der Hand eines Medizinmannes.

Ich dachte, daß damit der Unterricht für den Tag zu Ende sei. Aber dem war keineswegs so.

Denn am Nachmittag besuchten Lenny und ich Helen in ihrem Zuhause, das ja unweit des Golfclubs liegt. Harvey saß in seinem Lieblingsstuhl. Beiläufig erwähnte ich, daß sowohl Lenny als auch ich Schwierigkeiten mit seitlichen Grünbunkern hätten.

Worauf wir sofort, auf dem Teppich, eine Lektion erhielten.

Harvey erklärte, daß wir den Stand einnehmen und die

Schlagfläche so öffnen sollten, daß sie etwas nach rechts zeigt. Danach müssen wir die Füße etwas nach links nehmen, so daß das Schlägerblatt wieder zum Loch zeigt. Nun gilt es noch, die Schultern und Hüften parallel zu den Füßen zu positionieren.

»Nun schwingen Sie ganz normal. Schlagen Sie den Sand unter dem Ball heraus und den Ball direkt ins Loch«, machte uns Harvey Mut.

Natürlich konnten wir auf Helens Teppich nicht unsere Schläger schwingen. Daher eilten Lenny und ich zurück zum Club, gingen in den Übungsbunker – und natürlich klappte auch hier einfach alles.

Seither habe ich keine Angst mehr vor Sandhindernissen.

Ich rufe Helen seit jenem Tag in Austin etwa dreimal die Woche an. Manchmal bitte ich Harvey um einen Rat, den er mir aber nur gibt, wenn ich auf drei Runden hintereinander das gleiche Problem gehabt habe. Auf unseren Wegen zwischen Palm Beach und Providence haben Lenny und ich oft einen Zwischenstop gemacht, um die Penicks zu besuchen. Und außerdem haben uns Tinsley und seine Frau Betty Ann auch schon in Rhode Island besucht. Wir sind Freunde geworden.

Mein vierjähriger Enkelsohn beginnt jetzt mit dem Golfspiel. Ich habe einen Schläger für ihn abgeschnitten, mit dem er die gleiche Bewegung wie mit einer Sense macht. Ich laß' ihn immer fünfmal das Tee streifen, ehe er einen Ball schlagen darf.

Ich weiß heute, daß dies die Art und Weise eines wirkungsvollen Lernens ist. Und warum sollte mein Enkel all die Mühen durchleben, die mir über dreißig Jahre lang das Leben erschwerten?

Trainieren in der Halle

Mein alter Freund Bob McDonald mietete auf der State Street in Chicago ein Gebäude, verpflichtete fünf Pros und eröffnete eine Indoor-Trainings-Anlage. Das Angebot wurde von vielen Golfern angenommen, die es in den bitterkalten Wintern von Chicago danach drängte, Golfbälle zu schlagen und an ihrem Golfschwung zu arbeiten.

Bob erzählte mir, daß er einen besonders eifrigen Stammkunden hatte. Der kam mehrmals die Woche und schlug stundenlang Bälle ins Netz. Soweit Bob es beurteilen konnte, machte der Gast dabei auch gute Fortschritte.

Als es Frühling wurde, mußte der Trainingseifrige auf den Spielbahnen seines Heimatclubs feststellen, daß er sich den Winter über einen Quick-Hook antrainiert hatte, der so schlimm war, daß der Ball kaum noch flog.

Der berühmte Lehrer Ernest Jones lehrte überwiegend in einer Halle von New York City – und er muß dies allen Anschein nach auch gut gemacht haben. Auch ich habe Verständnis für die Millionen Golfer, die in Gegenden leben, wo im Winter der Boden mit Schnee bedeckt ist. Kann ich doch nachempfinden, wie stark der Wunsch nach etwas Bälleschlagen sein kann, auch wenn dies nur in der Halle geschehen wird.

Viele Golfer schicken mir Photos, Filme und Videos von ihrem Schwung und bitten mich um Hilfe.

Dies ist natürlich eine noch schwierigere Aufgabenstellung, als wenn man den Schüler wenigstens Bälle ins Netz schlagen sieht.

Während meines Unterrichts muß ich mich entscheiden, ob ich dem Schwung oder der Neigung des Schlägerblatts meine ganze Aufmerksamkeit schenke. Denn man kann den besten Schwung des Landes haben und dennoch die Stellung des Schlägerblattes um drei Grad aus der Idealposition verdrehen. Was ich allerdings erst feststelle, wenn ich den Ball über eine gewisse Distanz fliegen sehe.

Ich muß also die Flugbahn des Balles beobachten können und auch das Divot sehen. Beides geht nicht, wenn der Schüler nur in ein Netz schlägt.

Ich empfehle daher Golfern aus klimatisch kälteren Gegenden, sich einen gewichtigen Übungsschläger anzuschaffen und diesen täglich zu schwingen. Dadurch rettet er seine Muskulatur über den Winter. (Die Übung mit dem gewichtigen Schläger empfehle ich jedem Golfer, unabhängig des Klimas seines Wohnortes!) Schwingen Sie den Winter über mit dem gewichtigen Schläger – und Sie werden sich im Frühjahr über mehr Länge freuen können.

Ich rate auch nicht vom Besuch von Indoor-Trainings-Anlagen ab. Denn auch in wetterbegünstigten Gegenden haben die Golfer in Ballungszentren manchmal nicht die Zeit, zum Golfplatz zu fahren. Sofern Sie überhaupt einen Club haben, in den sie fahren können.

Wenn Sie also, was ja häufiger passieren kann, den Drang verspüren, Bälle zu schlagen, dann gehen Sie ruhig in eine Indoor-Anlage.

Aber betrachten Sie dieses Bälle-Schlagen nur als Erholung – und Befriedigung Ihrer Golf-Sehnsucht. Und passen Sie insbesondere auf, daß Sie sich in der Indoor-Anlage keine schlechten Schwungelemente angewöhnen.

Master-liches

Bei einem Besuch der US Masters erhalten alle Zuschauer eine Platz-Skizze, die Liste der Startzeiten sowie ein Schreiben von Bobby Jones, in dem es heißt:

Im Golf sind Etikette und Verhalten ebenso wichtig wie die Regeln des Spiels. Es wird gern gesehen, wenn Zuschauer zu guten Schlägen applaudieren – in angemessener Weise, die von der Schwierigkeit des Schlages abhängt. Freudenausbrüche eines Spielers oder seiner Mitbewerber hingegen könnten andere Spieler stören – und sind daher zu unterlassen.

Äußerst befremdend für alle, die das Golfspiel lieben, ist Schadenfreude oder Beifall seitens der Zuschauer bei schlechten Schlägen oder unglücklichen Spielverläufen. Wenngleich solche Unsportlichkeiten bislang auf der Masters sehr selten zu beobachten waren, so müssen wir sie doch auch für die Zukunft gänzlich ausschließen, wollen wir bei all unseren Freunden und Gönnern den Ruf der Masters als die angesehenste Meisterschaft der Welt weiterhin festigen.

Wie gut auch immer Sie einen Spieler kennen, sprechen Sie ihn auf dem Platz nicht an. Geben Sie ihm die Möglichkeit, sich ganz auf sein Spiel zu konzentrieren. Gehen Sie mit den Spielern mit – aber laufen Sie nicht. Verhalten Sie sich ruhig und bewegen Sie sich nicht, wenn sich ein Spieler auf seinen Schlag vorbereitet. Und nehmen Sie bitte Rücksicht auf andere Zuschauer.

Ein Golf-Gedicht

ch weiß nicht, ob Robert Service ein Golfer war. Auf jeden Fall schrieb er ein Gedicht, das Turniergolfern aus dem Herzen spricht.

Das Gedicht heißt »Der Aussteiger«.

> Es ist leicht, einfach nur zu weinen
> Wenn man geschlagen wird
> Und stirbt
> So wie es dem Hummer und der Krabbe
> Geschieht.
>
> Aber zu kämpfen
> Auch wenn alle Hoffnungen zunichte sind
> Ja, das ist das beste Spiel von allen.
>
> Und wenn Du aus dem Kampfe kommst
> Geschlagen
> Besiegt
> Und mit Narben übersät.
>
> Dann versuch's noch einmal.
> Denn es ist einfach zu sterben.
> Aber es ist schwer
> Am Leben zu bleiben.

Vergeudete Zeit

Solange Sie nicht einen brauchbaren Griff und Stand haben, ist alles, was sie über den Schwung lesen, umsonst und wertlos.

Mister Connerly

Eines unserer Mitglieder, Bob Connerly, war viermal texanischer Staatsmeister. Kurz bevor ich nach Austin kam, spielte er mit unserem Club-Präsidenten Taft eine Runde Golf.

Später spielte ich häufig mit Mister Connerly. Er berichtete mir, daß Präsident Taft kein guter Spieler sei, dafür das Spiel aber um so mehr liebe. Wobei den Präsidenten stets eine berittene Leibwache mit einem großkalibrigen Gewehr im Sattel über den Platz folgte.

Mister Connerly war ein bemerkenswerter Mann. Er hatte fünf Schläger in seinem Bag. Einen Driver, ein mittleres Eisen, einen Niblick, einen Lofter sowie einen Putter. Nach heutigem Maßstab entsprach dies einem Driver, einem Eisen 2, einem Eisen 5, einem Eisen 9 und einem Putter.

Außerdem spielte Mister Connerly kreuzhändig.

Er nannte seine Putt-Bewegung »ein Pendel«, bei der er seine Schultern schaukelstuhlähnlich einsetzte.

Kürzlich besuchte mich Sandra Palmer für eine Putt-Stunde. Ich überredete sie, Connerlys Kreuz-Griff zu versuchen. Dieser Griff gefällt mir, denn er verhindert das Abwinkeln des linken Handgelenks.

Das Abwinkeln des linken Handgelenks nach vorne, wodurch der Schlägerkopf vor den Händen zum Ball kommt, ist eine der Tod-Sünden des Puttens.

Mister Connerly war ein sehr konstanter Putter. Der kreuzhändige Schwung kostete ihm zwar im langen Spiel Länge, dafür gingen seine Schläge aber genau dorthin, wo er sie haben wollte.

Er spielte mit dem großen Ball, der »Black Domino« hieß. Mister Connerly kam auch als Tontauben-Schütze zu Meisterehren. Manchmal ließ er mich einige seiner großen Black Domino-Bälle schlagen, die er dann, wie eine Tontaube, mit seinem Gewehr wieder abschoß.

Als ich noch ein junger Pro war, beauftragte mich Mister Connerly, den Kopf seines Drivers etwas kleiner zu schleifen. »Nun gut, dann wird halt ein Schläger ruiniert«, warnte ich ihn. Aber Mister Connerly war den Club-Designern um mindestens zwei Jahre voraus. Mit seinem veränderten Driverkopf war er in der Lage, auch von unseren, insbesondere im Sommer harten Spielbahnen, seinen Black Domino mit einer erstaunlichen Sicherheit zu treffen.

Ich stellte frühzeitig fest, daß große Spieler, wie Mister Connerly im Golf und Wilmer Allison im Tennis, einen Blick haben, den Otto-Normal-Sportler nicht haben. Sie sehen Dinge, die andere Menschen nicht wahrnehmen können.

Das Schicksal reicht die Hand

Es war ein frischer Mai-Morgen – und die Southwest Conference Golf Meisterschaften fanden statt. Als Trainer der Universität von Texas hatte ich meine vier besten Spieler (Morris Williams jun., Marion Pfluger, Wesley Ellis und Billy Penn) nach Fort Worth entsandt. Sie spielten auf einem der weltweit schönsten Golfplätze, dem Colonial Country Club, gegen das bislang ungeschlagene »Tournament College Union«-Team.

Umfragen haben ergeben, daß Colonial heute als einer der besten (wenn nicht gar der beste!) texanischen Plätze eingestuft wird. Ich neige jedoch zu sagen, daß Colonial früher noch schwieriger war, denn Stürme und Überflutungen haben inzwischen viele von Colonials gigantischen Eichen zerstört. Und einige architektonische Entscheidungen haben ihm die Tücken genommen, die der Erbauer-Architekt, mein Freund John Bredemus, vorgesehen hatte.

Ich will Colonials Ruf nicht schmälern – es ist ein großer Platz. Aber vor 40 Jahren, als der Platz noch als »Hogans Alley« (Hogans Gasse) bekannt war, präsentierte er sich enger und schwieriger als heute.

Morris Williams jun., der in meinem Team an Nummer 1 spielte, hatte in seinem Leben nur ein Match verloren: Gegen Harvie Ward, seines Zeichens zehn Jahre lang der weltbeste Amateur. Er hatte Morris 1949 im 36-Löcher-Finale um die nationalen amerikanischen Amateur-Meisterschaften (NCAA) mit »1 auf« geschlagen.

Im Laufe seiner kurzen Karriere, die durch einen Flugzeug-Unfall ein zu frühes Ende fand, hatte Morris Spieler wie Billy Maxwell, Don January, Earl Stewart, Don Cherry, Joe Conrad, Buster Reed und die Cupit-Brüder geschlagen.

Der Sieg in Colonial würde unserer Universität einen weiteren Meisterschafts-Titel sichern. Daher setzte ich Morris gegen den TCU-Captain, einen großen, schlanken, netten Studenten namens Dan Jenkins.

Dieser Jenkins war nicht nur ein guter TCU-Student, er war auch ein guter Sportberichterstatter für die »Fort Worth Press«. (Anmerkung des Übersetzers: Jenkins ist heute Mitarbeiter der Golf-Zeitschrift »Golf Digest«.)

Von den hintersten Abschlägen spielte sich Colonial über 6.400 Meter lang – und wirkte noch einmal so lang! Um den Mitgliedern entgegenzukommen, die ihren Platz großzügig für die College-Teams zur Verfügung gestellt hatten, starteten wir auf den zweiten neun Bahnen. Morris hatte Colonial zuvor noch niemals gesehen, aber er erzählte mir später, daß Jenkins, der ein guter Freund von ihm wurde, ihm vor dem Abschlag jeweils jede Bahn erklärt hatte.

So sagte Jenkins auf dem Tee: »Hier solltest Du links anhalten. Ein Bach tritt von da drüben ins Spiel und das Grün ist so schnell wie ein Eisberg.«

Womit Jenkins zweifellos auch Morris' Nervenstärke testete. Aber Morris blieb davon unbeeindruckt. Die Hosen hochgekrempelt, schöpfte er ein großes Selbstvertrauen aus seinem soliden, aufrechten Schwung. Er verfehlte nur selten eine Spielbahn oder ein Grün. Und wann immer er ein Eisen 9 oder eine Wedge in der Hand hatte, spielte er es mit einer tödlichen Präzision. Morris spielte mit jenem beneidenswerten Selbstvertrauen, das aus dem Wissen entsteht, daß der Mitbewerber erst einmal eine Unter-Par-Runde spielen muß, um ihn zu besiegen. Gleichzeitig war Morris aber bescheiden und stets freundlich, fast so, als wolle er sich für sein hohes spielerisches Können entschuldigen.

Nach fünfzehn Löchern lagen Williams und Jenkins beide »even Par« – und waren »all square«.

Ben Hogan und Marvin Leonard, der reiche Wirtschaftsmagnat, dessen Geld hinter Colonial steht, fuhren mit einem Golf-Cart los, um sich das Ende des Matches anzusehen.

Morris war tief beeindruckt und fragte Dan: »Begleitet Euch Hogan öfters?«

»Natürlich. Immer«, antwortete Jenkins.

An Colonials 7. Loch – die 16. Bahn ihres Matches – puschte Jenkins sein Eisen 1 vom Tee rechts ins Rough hinter einige Bäume. Morris hingegen schlug sein Eisen 3 gerade die Spielbahn entlang.

Jenkins konnte zwar schwingen, mußte aber sein Eisen 6 um die Bäume hooken und gleichzeitig lang genug sein, um das Grün zu erreichen. Vor den Augen von Ben Hogan machte Jenkins möglicherweise den besten Schlag seines Lebens. Der Ball kam – zum sicheren Birdie – knappe 20 Zentimeter vor dem Loch zur Ruhe. Womit Jenkins mit »1 auf« bei noch zwei zu spielenden Löchern in Führung gegangen wäre.

Doch Morris, auf der Spielbahn liegend, zog sein Eisen 7 aus der Tasche, richtete sich parallel zur Ziellinie aus und schlug seinen Ball zum Eagle ins Loch.

Jenkins war so konsterniert, daß er auf dem nächsten Grün drei Putts benötigte und mit »2/1« verlor.

Und Morris hatte seine allererste Runde in Colonial mit einem 68er-Ergebnis (2 unter Par) beendet.

Im Jahr darauf wurde die Southwest Conference Golf-Meisterschaft als Zählwettspiel ausgetragen, um auch den Einzelsieger küren zu können. In jenem Jahr benötigte derselbe Jenkins auf 72 Löchern 16 mal drei Putts – und wurde schließlich hinter Buddy Weaver aus Rice und Wesley Ellis aus Texas Dritter.

Ich sollte Dan Jenkins in den folgenden Jahren als Freund, Sport-Kolumnisten und Autoren näher kennen- und schätzenlernen.

Wobei ich immer wieder zu ihm sagte: »Überleg' nur, Dan, welches Glück Du gehabt hast. Hätte Morris nicht sein Eisen 7 eingelocht und Du nur 12 mal drei Putts genommen, dann wärest Du heute vielleicht Assistent-Pro in Goat Hills.«

Verkannter Ben

Es ärgert mich, wenn Golf-Kommentatoren erzählen, Ben Crenshaw läge mit seinem unberechenbaren langen Spiel stets im Rough und würde sich immer nur durch sein außergewöhnlich gutes Putten retten.

Es ärgert mich nicht nur, weil mir Ben wie mein eigener Sohn ans Herz gewachsen ist.

Ben ist zweifellos einer der besten Putter aller Zeiten – um im gleichen Atemzug auch Horton Smith zu nennen. Es stimmt, daß er auch von einem Parkplatz in zwei Schlägen einlochen kann.

Aber es stimmt nicht, daß er im Vergleich zu seinen stärksten Kontrahenten ein unkalkulierbares langes Spiel hat. Dies ist wieder einmal eine von Golf-Kommentatoren aufgestellte und von Journalisten auf der Suche nach »Stories« übernommene Behauptung.

Ich würde fünf Dollars wetten, daß Ben Crenshaw im Turnier genauso viele Spielbahnen trifft wic beispielsweise ein Davis Love III. und ein Fred Couples.

Im Himmel gemacht

Nach einem seiner späteren Geburtstage hatte Charlie Crenshaw, Bens Vater, das Gefühl, daß das Ende seiner Golferlaufbahn nahte.

»Wenn Dein Forward-Press länger ist als Dein Rückschwung, dann solltest Du Dir überlegen, Golf aufzugeben«, meinte Charlie.

Aber ich kenne Charlie viel zu gut, um ihm abzunehmen, daß er das Golfspiel jemals aufgeben könnte. Er würde sogar den Heiligen Petrus zu einem Match herausfordern.

Der Chip

Viele meiner neuen Schüler sind der Meinung, die Chip-Schlag-Bewegung sei die gleiche wie die Putt-Bewegung.

Ihnen wurde beigebracht, daß sie von einigen Metern außerhalb des Grüns den Ball mit dem Eisen 7 spielen sollen, wobei der Ball genauso wie beim langen Putt geschlagen werden solle. Einige benutzen daher auch den Putt-Griff.

Aber Chippen ist nicht wie Putten!

Stellen Sie sich den Chip als einen kleinen Drive vor – und den Drive als einen großen Chip.

Wenn Sie den Schläger wie den Putter greifen, dann schwächen Sie Ihre linke und stärken Ihre rechte Hand. Der Sinn des Putt-Griffs ist es nämlich, die Schlagfläche des Putters rechtwinklig zur Ziellinie zu halten.

Benutzen Sie daher für den Chip Ihren regulären Griff. Aber fassen Sie den Schläger etwas kürzer. Plazieren Sie den Ball in der Mitte des Standes und verlagern Sie Ihr Gewicht etwas auf den linken Fuß. Machen Sie einen

Rück- und Durchschwung von gleicher Länge, ganz so, als ob Sie den Ball einfach nur werfen würden. Und beachten Sie bitte, daß Sie Ihre Hände während des gesamten Schwungs vor oder zumindest auf gleicher Höhe mit dem Schlägerkopf halten. Auch im Durchschwung!

Sollte Ihr Ball übrigens nur einige Zentimeter vom Grünrand liegen, dann können Sie auch den Putter nehmen, den wir in solchen Fällen »Texas Wedge« nennen. In diesem Falle können Sie in Gottes Namen auch den Putt-Griff anwenden.

Aber solange Sie nicht den Putter in den Händen halten, sollten Sie den Ball auch nicht wie mit einem Putter schlagen.

Eine gute Chip-Übung ist, den Golf-Bag runde zweieinhalb Meter vor sich auf den Boden zu legen und dann so zu chippen, daß die Bälle vom Bag abprallen. Bei den ersten Versuchen wird der Ball noch über den Bag gehen, weil man versucht, den Ball hoch in die Luft zu bekommen. Es gilt, zu üben, bis die Bälle den Bag treffen. Es handelt sich dabei um das gleiche Prinzip, wie bei der Übung unter der Bank hindurch.

Es ist nicht gut, stundenlang auf das gleiche Loch zu chippen. Spielen Sie vielmehr verschiedene Löcher an. Es ist schließlich das Gefühl für den Schlag, das Sie zu entwickeln versuchen.

Der vielleicht häufigste Fehler des Durchschnittsgolfers ist der Versuch, für den Chip einen Schläger mit sehr viel Loft zu nehmen. Es bedarf schon des Gefühls eines Artisten, um einen Chip mit der Wedge auszuführen. Der Durchschnittsgolfer sollte den Ball möglichst nah am Boden belassen und so weit wie nur möglich ausrollen lassen. Chippen Sie hierfür mit einem Schläger, der einen geringen Loft hat.

Ein Spieler, der gut chipt und puttet, hat alle Chancen, jeden Kontrahenten jederzeit zu schlagen. Wie ich schon immer zu meinen Universitäts-Team-Spielern sagte: »Wenn Dein Gegner mit zwei Schlägen von außerhalb des Grüns einlocht, dann glaube bloß nicht, daß das Glück sei!«

Wohin schaust Du?

Wohin schauen Sie, wenn Sie auf Ihren Ball blikken?

Wenn ich auf die Rückseite des Balles schaue, werde ich ihn hooken.

Wenn ich auf die vordere Seite des Balles schaue, wird es ein dünner Schlag.

Wenn ich auf das innere Viertel des hinteren Teils des Balles schaue, habe ich zuviel zu beachten und zu denken.

Wenn ich Sie anschaue, schaue ich dann in Ihre Augen? Auf Ihre Nase? Oder Ihren Mund? Nein, ich erkenne all diese Einzelstücke, aber was ich sehe, ist ein Ganzes.

Und daran sollte man denken, wenn man auf einen Golfball schaut.

Man sollte sich den ganzen Ball vergegenwärtigen – und nicht einen Teil von ihm.

Unterricht per Telefon

Sandra Palmer rief mich an und bat Helen, mich zu bitten, ihr mit ihrem Durchschwung zu helfen.

Ich konnte ihren Durchschwung über die weite Entfernung natürlich nicht sehen. Es war schwierig für Sandra, ihn Helen zu erklären, die wiederum versuchte, ihn mir zu beschreiben.

Schließlich sagte ich: »Der Durchschwung ist das Ergebnis von all dem, was vorher abgelaufen ist. Frage Sandra, wie sie den Ball so schlägt.«

Helen sagte: »Sie sagt, sie würde viele Schläge nach rechts verziehen.«

Ich sagte: »Sag' ihr, den Schläger etwas aufrechter hinzustellen, bevor sie die Hände an den Griff legt.«

Damit erreicht man den gleichen Effekt, als wenn man den Griff stärkt. Was ich nicht machen konnte, bevor ich nicht ihren Griff gesehen hatte.

Es ist nur eine Aspirin-Tablette. Keine ganze Kur. Ich fühlte mich wie ein Doktor in einer abgelegenen Gegend, den jemand um Hilfe bittet und der dann »Nehmen Sie ein Aspirin und rufen Sie mich morgen wieder an« sagen muß.

Aber ich wußte, daß durch eine aufrechtere Ansprechposition Sandras Schläge gerader werden und sich ihr Durchschwung von selbst bessern würde.

Immer noch der gefürchteste Schlag

Ich erhalte eine Menge Post. Briefe wie den von einer Dame aus Kansas City:

»Lieber Harvey. Ich habe Ihr Little Red Book gelesen und mich besonders für das Kapitel interessiert, daß Sie ›Die Angst des Golfers vor dem Ein-Meter-Putt‹ genannt haben. In meinem Fall könnte ich es ›Der gefürchtete 75-Zentimeter-Putt‹ nennen. Denn traurige Tatsache ist, daß am vergangenem Wochenende in unserem Club das Ehepaar-Turnier stattfand, in dem ich auf 36 Löchern 22 mal drei Putts hinnehmen mußte. Wobei ich 12 Putts aus einer Länge von 1,20 Meter und weniger vorbeigeschoben habe. Und Harvey – ich habe sogar vier Putts aus weniger als 30 Zentimetern nicht ins Loch bekommen. Dabei habe ich wirklich alles versucht...

Ich habe mich genau an das gehalten, was Sie über den kurzen Putt schreiben oder sagen. Ich habe mir jeden Putt von hinten angesehen. Ich habe jeweils ein, zwei oder gar drei Probeschwünge gemacht, wobei ich mich immer voll auf die Linie konzentrierte. Beim eigentlichen Putt habe ich dann versucht, den letzten Probeputt zu wiederholen, wobei ich sehr genau darauf achtete, nicht aufzuschauen oder dem Ball hinterherzublicken. Ich habe auch daran gedacht, den Ball mit dem Sweet-Spot zu treffen und mich parallel zur Ziellinie auszurichten. Und ich sagte mir, keinen negativen Gedanken nachzuhängen und nicht an die Distanz zu denken, sondern nur darauf bedacht zu sein, den Schlägerkopf des Putters square zur Linie auszurichten.

Aber die Bälle gingen nicht ins Loch! Vielmehr putte ich schlechter denn je. Mein Mann sagt schon, ich sei verrückt. Was kann ich nur tun?«

Dieser Brief ist schon eine Selbst-Diagnose.

Denn die Dame denkt während des Turniers an viele elementare Dinge.

Aber der Platz, sich die elementaren Dinge zu verinnerlichen, ist auf dem Putting-Grün.

Der Putt-Stil muß in Fleisch und Blut übergehen!

Viele Golfer aber werden vom Bewegungsablauf so sehr in den Bann gezogen, daß sie das eigentliche Ziel des Schlages, sprich den Boden des Loches zu erreichen, vergessen.

Es gibt zwei Gründe, warum Ein- und Eineinhalb-Meter-Putts die gefürchtetsten Schläge vieler Durchschnittsgolfer sind, sobald sie im Turnier damit konfrontiert werden. Der wichtigste Grund ist, daß der Durchschnittsgolfer den Ein- und Eineinhalb-Meter-Putt niemals übt. Natürlich puttet er ab und an einige »auf die Schnelle« vor der Runde. Nur, wenn er die dann vorbeischiebt, wirkt sich das schlimmer aus, als wenn er sie gar nicht gemacht hätte. Was ich sagen will: Wieviele Durchschnittsgolfer sieht man auf dem Putting-Grün, die stundenlang Ein- und Eineinhalb-Meter-Putts üben? Die Antwort heißt: »Keine«. Nur Pros und Spitzenamateure üben ernsthaft den Ein-Meter-Putt.

Der andere Grund liegt, so glaube ich, in den vielen »geschenkten« Putts. Viele Durchschnittsspieler flehen in Freundschaftsspielen fast schon auf Knien, daß man ihnen den 75-Zentimeter-Putt doch bitte schenken möge. Viel besser ist es, alle Putts auszuputten. Und sich nicht der Illusion hinzugegeben, daß 75-Zentimeter-Putts »schon gut« seien.

Man glaubt ja auch nicht, daß ein Bankangestellter eine Rechnung mit »Bezahlt in voller Höhe« abstempelt, wenn man ihm noch einige Dollars schuldet!

Rück-Versicherung

Mark Bedellion, der während seines Medizinstudiums Golf für die Universität von Texas spielte, gab mir Rätsel auf. Ich hatte ihn Bälle schlagen sehen, die so gut waren, daß er sogar auf der Pro-Tour hätte gewinnen können. Gleichzeitig aber entnahm ich der Zeitung, daß er bei einem Amateur-Turnier eine »80« gespielt hatte.

Irgendwann kam Mark Bedellion zu mir, um eine Stunde zu nehmen.

»Ich freue mich, daß Du gekommen bist«, begrüßte ich ihn. »Ich habe mich nämlich schon gewundert, wo Dein Problem liegen könnte.«

»Die Antwort kann ich Ihnen geben«, sagte er. »Es ist eigentlich ganz einfach. Mein Schwung ist zu flach. Ich müßte also aufrechter schwingen. Das sagt mir jeder.«

Das ließ ich nicht gelten. »Sohn«, sagte ich, »Ben Hogan hatte einen flachen Schwung, und niemand hatte jemals einen flacheren Schwung als Lee Trevino. Ich will, daß Du vergißt, was Dir jeder erzählt. Nimm' den Schwung, mit dem Gott Dich gesegnet hat. Und geh' jetzt spielen.«

Mark ging auf unseren wunderschönen, schwierigen Pete-Dye-Platz mit seinen vielen Gräben, Wasserhindernissen sowie Pottbunkern und spielte von den Championship-Tees eine 68er-Runde.

In jenen Jahren hatten wir nur zwei Mitglieder, die unseren neuen Platz unter Par spielen konnten – Tommy Kite und Ben Crenshaw.

Mark setzte sein Medizin-Studium fort. Und bis heute ist er ein sehr guter Golfer. Wie viele andere Spieler hatte auch er nur das Problem, Vertrauen in seinen Schwung entwickeln zu können.

Zukunftsplanung

Eines unserer Mitglieder, George McCall, erzählte mir, daß ein ehemaliger Spieler aus Texas, Martin Alday, die Meisterschaft des Midland Country Clubs gewonnen hatte. George berichtete weiter, daß Martins Caddie ein blitzgescheiter Junge sei, der möglicherweise eine große Golf-Zukunft vor sich hätte. Und George fragte an, ob ich für den Caddie nicht einen Ferienjob hätte. Wobei der Junge in Trainerstunden statt in bar ausbezahlt werden sollte.

So lernte ich Terry Jastrow kennen.

Terry war etwa sechzehn Jahre alt, blond, gutaussehend und voller Enthusiasmus. Ich weiß zwar nicht, was er erwartete, als er seinen Job bei mir aufnahm. Auf jeden Fall war das erste, was er bekam, eine Lektion.

»Viele von Euch Midland-Jungs haben Väter, die erfolgreich im Ölgeschäft sind«, sagte ich. »Und Ihr glaubt, alles sofort haben zu können. Aber Golf auf Deinem Niveau hat mit Geld nichts zu tun. Ich werde Dir zunächst den Griff und Stand zeigen. Ein guter Spieler wirst Du dann nur Schritt für Schritt. Wobei es sein kann, daß es auch mal langsam vorwärts geht.«

Ich setzte Terry als Aufpasser für die Golftaschen ein, der die Golfwägen der Mitglieder zu be- und entladen sowie die Golfschläger zu reinigen hatte.

In seiner Freizeit schickte ich Terry zum anderen Ende der Driving-Range unseres Clubs am Riverside Drive. Er dachte zwar, schon ein guter Spieler zu sein, aber er hatte einen zu starken Griff, um auch außerhalb der harten texanischen Golfbahnen bestehen zu können. Ich trug ihm auf, erst einmal nur Eisen-9-Schläge zu machen. Und immer an den Schwung mit der Sense zu denken.

Ab und zu schaute ich nach Terry am anderen Ende der Driving-Range, und betrachtete mir sehr genau seine Hände, um zu sehen, ob sich Hornhaut bildete. Denn Terry hatte die Angewohnheit, die ich »Motorrad fahren« nenne. Das heißt, er griff den Schläger beinahe schon krampfhaft in den Handballen, statt die Finger locker um den Griff zu legen.

Das ist eine der Hauptgründe für Hornhaut-Bildung bei Golfern.

Immer, wenn Terry schon glaubte, ich hätte ihn vergessen, schaute ich wieder für eine Weile bei ihm vorbei. Manchmal nahm er statt dem Eisen 9 auch das Eisen 7. Das war einige Wochen, bevor ich ihm auch wieder erlaubte, Hölzer zu schlagen. Allerdings stellte ich auch da noch sicher, daß sich sein Driver nicht in seinem Bag befand.

Am Ende dieses ersten Sommers qualifizierte sich Terry für die Endrunde der Landes-Junioren-Meisterschaft und verlor erst im Finale.

Im Sommer darauf bewarb sich Terry wieder im Austin Country Club. Diesmal setzte ich ihn bei Grabungen für die Beregnungsanlage ein.

Zum Üben mußte er zwar immer noch ans andere Ende der Driving-Range, aber ich ließ ihn auch auf den Platz, wenn der nicht zu überlaufen war. Wobei er normalerweise mit Tom Kite und Barbara Puett spielte.

In jenem Jahr gewann Terry die texanische Jugend-Meisterschaft, bei der er John Mahaffey im Finale schlug. Er nahm auch an den nationalen Jugend-Meisterschaften teil, wo er sich erst im Viertelfinale Lanny Wadkins geschlagen geben mußte.

Ich ging eigentlich davon aus, daß Terry, ebenso wie sein Bruder Kenny, an der Universität von Texas studieren würde. Aber Terry gab der Universität von Houston den Vorrang, die zu jener Zeit ihren Studenten ein erstklassiges Golf-Programm anbieten konnte. So wurde Terry ein »Houston Cougar« (Houstoner Puma).

Das nächste, was ich von Terry hörte oder sah, war ein Foto in der »Sports Illustrated«, auf dem er gerade Unterricht vom Houstoner Coach Dave Williams bekam. Williams hatte ein sehr erfolgreiches Golf-Programm entwickelt, aber er spielte weder Golf noch lehrte er es. Zumindest hatte ich nie etwas in dieser Richtung gehört.

Terry kam auch wieder zum Austin Country Club und bat mich um Stunden.

»Ich kann das nicht machen, Terry«, erklärte ich ihm. »Ich habe vernommen, daß Du mit Coach Williams trainierst. Ich werde Dir jetzt nicht irgendetwas sagen, was seiner Lehrmethode widersprechen und Dich beeinflussen könnte. Ein Lehrer ist genug.«

Im Jahr seines Examens arbeitete Terry aushilfsweise beim Fernsehsender ABC.

»Es kann nicht sein, daß mein Lebensinhalt darin bestehen soll, jede Woche aufs Neue Zwei-Meter-Putts senken zu müssen«, erzählte er mir.

Es zeigte sich, daß Terry dennoch eine große Zukunft im Golfsport vor sich hatte. Wenngleich auch nicht als Spieler, sondern als Fernseh-Kommentator und Produzent von Golf-Übertragungen.

Und wer, glauben Sie, kommentierte die Übertragung von Tom Kites US Open-Sieg in Pebble Beach?

Terry sagte später: »Ich habe mich über Tommys Sieg so gefreut, daß ich meinen Kopfhörer abnahm und mich alleine in mein Büro zurückzog, wo ich eine halbe Stunde lang vor Freude weinte.« Es dauerte genauso lange, ehe auch ich meine Fassung wiedergefunden hatte.

Der Sweet-Spot

Meine Schüler erklären mich dafür zwar für verrückt... Aber ich sage, daß der Sweet-Spot an den modernen, übergroßen Drivern, die sich zur Zeit großen Zuspruchs erfreuen, kleiner ist als der bei den normal großen Drivern. Wenn ich »Sweet Spot« sage, meine ich den »No-roll-Spot«. Also jene Stelle des Schlägerblatts, die, sofern sie rechtwinklig auf den Ball trifft, diesen ohne Seitendrall nach vorne fliegen läßt.

Lassen Sie es mich wie folgt erklären: Wenn Sie einen kleinen Nagel in die Wand schlagen wollen, nehmen Sie dann einen großen oder kleinen Hammer?

Entscheiden Sie sich für einen kleinen Hammer, so können Sie den Nagel mit jeder Stelle des Hammers treffen. Mit dem großen Hammer haben Sie freilich eine größere Chance, den Nagel zu treffen. Aber gleichzeitig auch ein größeres Risiko, den Nagel außerhalb des Hammer-Zentrums zu erwischen und dadurch zu verbiegen.

Ich befragte Victor East, den genialen Entwickler hinter den Spalding-Schlägern, ob der Sweet Spot von Sam Snead der gleiche wie der für mich wäre.

Er bejahte das mit einem »Natürlich«.

Ich weiß aber, daß Sam Snead seine Drives, zumeist mit dem Brassie, stets an der Schlägerkopf-Spitze traf. Beim Hook trifft man den Ball mit der Schlägerkopf-Spitze – und Sam Snead hookte jeden Ball. Wenn man den Ball hookt und mit der Schlägerkopf-Spitze schlägt, reduziert man – bei einem Schwung wie dem von Sam Snead – den Loft des Schlägers von 12 auf 8 bis 9 Grad.

Slice indes entsteht, wenn man den Ball mit der Ferse des Schlägerblattes trifft, wodurch sich der Loft des Schlägers erhöht.

Während eines PGA-Seminars wurde ich gefragt, warum Sam Snead seinen Schläger so leicht greift, während Arnold Palmer den Schlägergriff ganz fest drückt.

Snead konnte den Schläger so leicht greifen, weil er den Ball jedesmal an der gleichen Schlägerblatt-Stelle traf. Palmer indes, der über eine geringere Treff-Präzision als Snead verfügte, brauchte einen festeren Griff, um ein Verdrehen des Schlägers im Treffmoment zu verhindern.

Das »perimeter weighting« (perimetrische Gewichtsverteilung) soll aus der gesamten Schlagfläche der übergroßen Metallhölzer einen sogenannten Sweet Spot machen. Tatsächlich passiert aber, daß man nur mehr Gewicht hinter die schlechten Schläge bringt. Mir kommt es so vor, als ob sich dadurch jeder Fehler noch verschlimmere. Daher bringt mich auch nichts von der Meinung ab, daß sich Fehler bei einem normal großen Schlägerkopf weniger gravierend auswirken.

Eines tun die übergroßen Schlägerköpfe unumstritten: Sie flößen dem Spieler mehr Vertrauen ein. Und das ist eine ganze Menge wert!

Und der, der den übergroßen Driver mit dem Sweet-Spot trifft, wird wirklich mit einem gewissen, wenngleich eigentlich unerheblichen, Distanzgewinn belohnt. Das Problem besteht nur darin, den Sweet-Spot in dem großen Krug voller Metall zu finden.

Verletzt spielen

Obwohl es wie ein sehr friedliches Spiel wirkt, werden Golfer von allen möglichen Verletzungen heimgesucht. Diese reichen von überdehnten Muskeln über Rückenschmerzen und überdrehten Sehnen bis zu gebrochenen Knochen.

Das erste, was ein verletzter Golfer wissen möchte, ist, wie er dem Spiel trotzdem weiter nachgehen kann.

Einer meiner Freunde übertrat sich am ersten Tag eines Golfausflugs nach Schottland am zweiten Loch den linken Knöchel. Erst hinkte er noch bis zum neunten Grün, dann enttäuscht vom Platz und ließ sich den überdrehten Knöchel von einem Arzt einbandagieren sowie -schienen. Danach spielte er zwei Wochen lang mit dem verstauchten Knöchel – und zog sich entsprechend eine Sehnenentzündung im rechten Knie zu.

Er erzählte mir von einem seiner Erlebnisse in Royal Musselburgh. Auch dort humpelte er, so gut es nur ging, als eine Dame seinen Caddie zu sich rief.

»Was hat sie denn gewollt?« fragte mein Freund, als der Caddie zurückkam.

Der Caddie antwortete: »Sie möchte, daß Sie den Golfplatz verlassen.«

»Aber warum? Wir halten doch niemanden auf.«

»Ja, aber sie sagt, daß der Lahme früher oder später nicht in der Lage sei, Schritt zu halten«, wiederholte der Caddie das Gespräch mit der Dame.

Worauf mein Freund zu seinem Caddie sagte, daß fortan all seine Drives 250 Meter weit inmitten der Spielbahn landen würden. Und genau das tat er dann auch.

Wenn Sie unter Knieschmerzen leiden, dann wird das Tragen von Noppen-Schuhen für Sie weniger schmerzhaft als das Tragen von Spikes-Schuhen sein. Unter anderem deshalb sind in Schottland und England, wo die Spieler alle noch zu Fuß über den Platz gehen (und das teilweise auch noch sehr schnell!) Noppen-Schuhe sehr beliebt.

Ein allgemeines Problem stellen Schulterschmerzen in der Nähe des Drehmuskels dar. Hier bewirkt ein Eisbeutel nach dem Spiel Wunder. Generell gilt in diesem Falle aber, die Schultern oft zu bewegen und mit den Armen in kleinen Drehungen zu schwingen. Dies beugt einer Verspannung des Muskels vor.

Vor allem sollte man sich angewöhnen, und dies gilt insbesondere für betagte Spieler, vor einer jeden Golfrunde fünf Minuten lang Streckübungen zu machen. Sollte die Zeit nicht für Streckübungen und Bälleschlagen reichen, dann geben Sie den Streckübungen den Vorzug. Es geht dabei darum, die Schmierung aufzulockern, wie Darrell Royal es einst nannte. Das bringt Ihnen viel mehr, als in Eile einen Eimer Bälle zu schlagen!

Sehr anfällig für Verletzungen sind die kleinen Knochen in der Hand. Insbesondere betrifft dies gute Spieler, die den Schläger mit 170 Stundenkilometern, oder gar noch schneller, schwingen.

Lee Trevino mußte sich kürzlich einer Daumen-Operation unterziehen. Ben Crenshaw schmerzte sein linker Daumen, als er mich um einen entsprechenden Rat fragte. Ich riet ihm, zu versuchen, den linken Daumen vom Griff wegzuhalten, so wie dies der große Henry Picard immer machte. Auch Picard hatte sich diese besondere Griffhaltung angewöhnt, als er unter einer Daumenverletzung litt.

Ben versuchte es einige Schwünge lang und stellte fest, daß der Schmerz nachließ.

Dennoch war ich glücklich, als er zu seinem regulären

Griff zurückkehren konnte. Denn dieser ist der Inbegriff eines schönen Griffs!

Viele Golfer bekommen Rückenschmerzen, weil sie sich falsch über das Loch beugen. Hierzu sagte mir ein Orthopäde einmal, daß es viel weniger Rückenschmerzen zu beklagen gäbe, wenn die Menschen lernten, sich hinzusetzen und ein Bein über das andere zu legen, wenn sie sich die Schnürsenkel binden wollten. Die Menschen ziehen es aber offensichtlich vor, sich aus dem Stand bis zu den Zehenspitzen hinunterzubeugen.

Ältere Golfer leiden oft unter Arthritis, Schleimbeutelentzündungen oder anderen Symptomen von Alterskrankheiten. Ich kenne nicht wenige, die jedesmal eine handvoll Pillen hinunterschlucken, ehe sie abschlagen. Jack Nicklaus, Arnold Palmer, Tom Kite – die Liste ließe sich beliebig fortsetzen – leiden unter Rückenschmerzen. Und dennoch spielen sie weiter. Um den Preis von täglich stundenlangen Übungen, hier insbesondere Streckübungen.

Auch, wenn Sie nur unter einem kleinen, vielleicht auch stechenden, Schmerz leiden, von dem gar nicht einmal zu befürchten ist, daß er sich verschlimmert, so rate ich doch zu einer Golf-Pause. Denn es droht die Gefahr, daß Sie dieser kleine Schmerz vom Wesentlichen des Golfspiels ablenkt, nämlich bei jedem Schlag an dessen Ziel zu denken.

Das Gefühl für die Länge

Während der Jahre habe ich oft Byron Nelsons Worte gehört: »Laß' es einfach laufen. Versuche nicht, den Ball weit zu schlagen. Entwickle stattdessen das Gefühl, daß der Ball auch weit fliegt, wenn man sich gar nicht darum bemüht. Du kannst sicher sein, genau das wird der Ball tun.«

Ich schau' Dir in die Augen

Man sollte seine Augen regelmäßig untersuchen lassen. Nicht nur der Gesundheit, sondern auch des Golfspielens willen.

Ein Pilot wird Ihnen sagen können, daß Ihr Sehvermögen von Tag zu Tag etwas variiert. Das ist ganz natürlich und auch kein Grund zur Beunruhigung. Es sind vielmehr bleibende Sehschwächen, die behoben werden müssen. Mit zunehmendem Alter könnte Weit- oder Kurzsichtigkeit auftreten, wobei dies nicht unbedingt eine Alterserscheinung sein muß. Als einer meiner besten Juniorinnen, Tina Trimble, eine Brille verordnet wurde, machte sie sich Sorgen, daß ihre Attraktivität darunter leiden könnte.

Worauf ich Sie an das alte Sprichwort »Schön ist, was gefällt« erinnerte. Eine Weisheit, die in allen Lebensbereichen Gültigkeit hat.

Tina spielte weiterhin für das Team von Furman, wo sie auch eine erstklassige Studentin war.

Viele der großen Spieler haben eine hervorragende Sehschärfe. Auch, wenn sie diese durch eine Brille oder Kontaktlinsen unterstützen.

Einige gute Spieler tragen sogar auch während des Spiels getönte Gläser. Ich habe das nie getan, weil ich durch die dunklen Gläser nicht genug sehen konnte.

Der beste Spieler, an den ich mich erinnern kann und der auch auf Turnierrunden getönte Brillengläser trug, war der kanadische Spitzenspieler George Knudson.

Im Kopf

Mein alter Freund Don Massengale kam sehr niedergeschlagen ins Clubhaus. Er war auf der Senior Tour nicht erfolgreich, so daß ich versuchte, ihn durch einen Scherz etwas aufzumuntern. Ich sagte ihm, daß man die Sportseite wohl verkehrt herum lesen müßte, um seinen Namen zu finden. Was er aber gar nicht lustig fand.

»Zeig' mir einige Schläge«, sagte ich.

Don borgte sich von einem Mitglied auf der Driving-Range ein Holz 3. Er trug eine trocken-geschliffene Brille und stand in seinen Schlappsandalen in einer Bergab-Lage.

So stand er da – und jagte mit dem geliehenen Holz 3 einen Ball nach dem anderen kerzengerade 220 Meter weit auf die Übungswiese. Es bestand nicht der Ansatz der Gefahr, daß er einen Ball verfehlen könnte. Entsprechend mußte ich ihm auch gar keinen Ratschlag geben. Alles, was ich zu ihm sagte, war: »Don! Jeder, der den Ball so schlagen kann, wie Du es mir gerade gezeigt hast, hat hier nichts zu suchen, sondern sollte einfach nur spielen. Dein Schwung ist so gut, daß Du Dich in jeder Situation auf ihn verlassen kannst.«

Bei guten Spielern wie Don sind Probleme meist mentalen Ursprungs.

Denken Sie daran: Wenn Sie sich ändern möchten, müssen Sie Ihre Denkweise ändern. Es ist zwar einfach, sich daran zu erinnern, aber es ist sehr schwierig, es in die Praxis umzusetzen!

Altvertrautes

Norris Williams – nicht Morris, sondern Norris – war eine Dame, die mit meiner Frau Helen viele Reisen unternommen hat. Eines Nachmittags kam sie mit dem Ausdruck der Verzweiflung zu mir in den Pro-Shop. Sie sagte: »Harvey, Ich möchte einen neuen Putter kaufen. Mein alter bringt's nicht mehr.«

»Wissen Sie«, antwortete ich, »ich habe gerade dieser Tage mit Mickey Wright über ihren Putter gesprochen. Sie hat ein altes, second-hand-erworbenes, Ping-ähnliches Modell mit bleiverstärkter Spitze und Ferse. Mit diesem Putter hat Mickey 82 Proetten-Turniere gewonnen. Und spielt ihn immer noch!«

»Was wollen Sie mir damit sagen?« fragte Norris.

»Daß die Schuld nicht bei der Geige, sondern beim Geiger liegt.«

Norris drehte sich herum und nahm ihren alten Putter wieder mit. Den sie übrigens auch heute, viele Jahre später, noch benutzt.

Gouverneur Hobby

Mein großer Bruder Tom trug als »Caddie Nr. 1« unseres Clubs immer die Tasche von Gouverneur Bill Hobby, der ein begeisterter Golfer war.

Im ersten Weltkrieg ging Tom zur Marine und wurde ins europäische Kampfgebiet geschickt.

Viele Monate nach Ende des Krieges war ich gerade im Caddieraum, als ich meinen Namen gerufen hörte. Es war Gouverneur Hobby.

»Harvey, wo um Himmel Willen ist Tom?« fragte er.

»Sir, Tom ist noch in Frankreich und bewacht dort deutsche Kriegsgefangene. Es sieht fast so aus, als ob er überhaupt nicht mehr nach Hause geschickt wird« sagte ich.

»Harvey, ich brauche alle Informationen über Tom. Bring' sie mir morgen früh in mein Büro«, befahl mir daraufhin Gouverneur Hobby.

Am nächsten Morgen zog ich meinen besten, aber dennoch abgewetzten Anzug an und ging zum Regierungsgebäude. Verschiedene, wichtig aussehende Herren saßen in der Halle vor dem Büro des Gouverneurs. Ich gesellte mich zu ihnen.

Als sich die Bürotür öffnete und der Gouverneur heraustrat, sprangen all die wichtig aussehenden Herren und der dünne Junge in seinem abgewetzten Anzug hoch.

Mit den Worten »Harvey, komm' in mein Büro« legte der Gouverneur seine Hand um meine Schultern und führte mich an all den wichtig aussehenden Herren vorbei.

Im Büro sagte ich: »Gouverneur, ich wünsche mir, daß mein Bruder wieder nach Hause kommt.«

»Das verstehe ich«, sagte er. »Ich brauche ihn doch ebenso dringend wie Du.«

Der Gouverneur begann, Briefe zu diktieren und Telefonate zu führen. Knappe zwei Wochen später stieg Tom in seiner Marine-Uniform in Austin aus dem Zug. Die ganze Familie und all seine Freunde waren glücklich, ihn wiederzusehen – ebenso glücklich wie Gouverneur Hobby.

In den folgenden Jahren habe ich mir oft lächelnd überlegt, was sich wohl die wichtig aussehenden Herren gedacht haben, als der Gouverneur einen 12 Jahre alten Caddie an ihnen vorbei in sein Büro führte.

Gedankenspiele

Eigentlich schaue ich nicht gerne Fernsehen, aber ich lasse mir keinen Golfbericht entgehen.

Ich beobachte dabei insbesondere die Schwünge und versuche, die Gedanken der Spieler zu lesen. Eines wird sich wohl niemals ändern: Sieger wird am Ende der, der vorher die wenigsten Fehler macht. Es ist das gleiche Prinzip wie bei den Golflehrern. Derjenige, der sich am wenigsten irrt, ist der beste Lehrer.

Ich starre des Nachts oft an die Decke, wenn die Lichter ausgegangen sind. Ich unterrichte sehr viel während der Nächte. Und lerne dabei auch eine Menge.

Meine erste Lektion

Als Caddie aufgewachsen, lernte ich das Golfspiel durch Nachahmung der Schwünge, die mir gut gefielen. Meine allererste Stunde erhielt ich nämlich erst, als ich bereits als Head-Pro im Austin Country Club arbeitete. Mein Lehrer war Walter Hagen.

Wir bestritten gemeinsam einen Schaukampf. Nachdem ich einige Schläge getoppt hatte, fragte mich Hagen, ob er mir einen Rat geben solle.

»Sicher«, antwortete ich.

»Du versuchst zu sehr, Deinen Kopf unten zu halten. Laß ihn sich etwas freier bewegen. Falle bloß nicht auf diese ›In-einer-Tonne‹-Theorie herein, die besagt, daß Dein Kopf während des ganzen Schwungs fest in der Mitte der Achsdrehung bleiben muß. Vielmehr mußt Du ihn während des Schwungs etwas zur Seite nehmen. Dadurch bleibt Dein Kopf hinter dem Ball, Du verlagerst Dein Gewicht auf den rechten Fuß und kannst so viel mehr Kraft in den Schlag legen. Es ist ganz so, als würdest Du jemandem einen Faustschlag versetzen.«

Ich nahm Hagens Ratschlag sehr ernst – und gebe ihn bis heute weiter.

Über die Jahre hielt ich des öfteren Seminare an den PGA-Schulen ab. Bei den Vorträgen wechselte ich mich dabei mit großen Spielern, wie Paul Runyan, ab, mit deren Schwung-Theorien ich allerdings nicht immer konform ging. Runyan war beispielsweise sowohl als Spieler als auch als Lehrer ein Verfechter der »Schwing-in-einer-Tonne«-Theorie. Gleichzeitig war er alles andere als ein Longhitter. Meiner Meinung nach hätte er von einem etwas freieren Schwung, so, wie ihn mir Hagen beibrachte, sehr profitieren können.

Wie auch immer... Paul gewann mit seinem Schwung zweimal das PGA Championship – und wurde in der Folge auch in die »Hall of Fame« (Ruhmeshalle) aufgenommen.

Die Teilnahme an den PGA-Schulen waren auch für mich so etwas wie Unterrichtsstunden. Besonders gerne hörte ich zu, wenn Redner die Dinge anders als ich darstellten und lehrten. Dies brachte mich zum Nachdenken.

Außerdem lernte ich immer viel Neues, wenn alljährlich neue Spieler zu unserem Universitäts-Team stießen. Denn jeder dieser golftalentierten Spieler hatte das Spiel von jemand anderem, ob nun von einem Pro oder einem Spieler, beigebracht bekommen. Was mir erlaubte, unzählige Schwung-Theorien und Unterrichtsmethoden kennenzulernen.

Einige der besten Hinweise erhielt ich dabei von Pros wie Hardy Loudermilk aus Jal, New Mexico. Er war es übrigens auch, der mir eine junge Schülerin namens Kathy Whitworth schickte.

Auf die Frage, wer mein Lehrer war, antwortete ich immer »Jeder«.

Aber meine erste Lektion durch Walter Hagen werde ich nie vergessen.

Der weiche Schlag mit der Wedge

Bei einem weichen Wedge-Schlag sollte der Ball etwas weiter vorne im Stand plaziert werden, weil die Sohle der Schlagfläche ungefähr zwei Zentimeter breit ist. Die Schlägersohle muß daher unmittelbar hinter dem Ball in den Boden treffen, wodurch der Ball förmlich auf die Schlagfläche rutscht.

Dieser Schlag fühlt sich zwar nicht sehr kernig an, aber ich denke, daß er nach etwas Trainingsarbeit gute Ergebnisse bringen wird.

Die Untersuchung

Paula Granoff, eine gute Bekannte und Schülerin aus Providence, fuhr nach Boston, um ihre Augen von einem berühmten Spezialisten untersuchen zu lassen. Während der Untersuchung fragte sie der Arzt: »Sind Sie die Dame, die bei diesem Burschen in Texas Stunden nimmt und die Seniorinnen-Staatsmeisterin wurde?«

Paula bejahte.

»Können Sie mir dann einen Gefallen tun?« fragte der Arzt.

Paula sagte, daß sie es versuchen würde.

Der Doktor nahm einen Schläger, der hinter ihm in der Ecke lehnte und sagte: »Bevor ich mich Ihren Augen widme, könnten Sie sich bitte meinen Griff ansehen?«

Schläger nach Maß

Es ist wichtig, daß Ihre Schläger die richtige Schaftlänge und Flexibilität haben.

Die richtige Länge wird dabei nicht durch ihre Körpergröße bestimmt, sondern durch den Abstand der Hände vom Boden. Regulär lange Schläger, so wie sie von den Herstellern geliefert werden, passen dabei nahezu für jedermann.

Die Schaft-Flexibilität indes ist eine Frage der Schwungkraft und -geschwindigkeit. Wie oft sehe ich Spieler der mittleren oder gar älteren Jahrgänge, die im Glauben, damit mehr Weite zu erzielen, versuchen, mit steifen Schäften zu spielen. Dabei würden ihnen weichere Schäfte bessere Ergebnisse bringen.

Bei der Frage nach der Stellung der Schlagfläche bei der Ansprechsposition sollte sich der Durchschnittsspieler daran halten, was er vom Hersteller geliefert bekommt. Wird der Schläger in eine aufrechtere Standposition gebogen, so wird das Ergebnis ein Hook sein. Biegt man ihn hingegen flacher, so wird dies einen Slice verursachen.

Wenn der Ball absolut ebenerdig liegt, wie dies beispielsweise auf der Übungswiese der Fall ist, dann ist der Lie-Winkel, also der Winkel zwischen dem Schaft und der Waagerechten, von großer Bedeutung.

Auf dem Golfplatz aber liegt der Ball in allen nur erdenklichen Ausgangslagen, mal oberhalb, mal unterhalb des Spielers. Es ist daher unmöglich, den Schläger bei jeder dieser Hanglagen in den jeweils erforderlichen Lie-Winkel zu biegen.

Die besten Hände

Henry Cotton hatte die eleganteste Handbewegung durch den Ball, die ich je von einem Mann gesehen habe. Er war überhaupt eine sehr elegante Erscheinung, gutaussehend, stets bestens gekleidet und einen Mercedes-Sportwagen fahrend. Cotton sah genauso aus, wie man sich einen Spieler vorstellt, der drei British Open-Titel gewinnen kann. Was er ja auch tat.

Cotton schwang den Schläger mit seinen Händen. Sein Körper folgte nur der Armbewegung, er ging ihr nicht voraus. Seine Arme schwangen zum Ball und kreuzten sich unheimlich schnell nach dem Treffmoment.

Cottons Schwung wirkte irgendwie müde, bis er sich dem Ball näherte. Dann aber wurde er zu einer explosionsartigen, optisch scheinbar mühelosen Bewegung.

Später wurde die »Ruhige-Hände«-Theorie zu einer bekannten Schwung-Methode. Eine Methode, in der den Muskeln in den Beinen, den Hüften und im Rücken die Aufgabe zufiel, den Ball zu schlagen, und die Hände nur noch den Schläger hielten.

Was das moderne Golfspiel betrifft, so glaube ich, daß Spieler wie John Daly gelernt haben, sowohl die großen als auch die kleinen Muskelgruppen wirkungsvoll einzusetzen. Wobei ich noch nicht hinter das Geheimnis des »Wie« gekommen bin. Daher wünschte ich mir sehr, daß John Daly einmal bei mir vorbeikäme und mich beim Bälleschlagen zuschauen ließe.

Wenn ich die Spieler gedanklich so Revue passieren lasse, dann muß ich in bezug auf Handbewegung Henry Cotton wohl erst an zweiter Stelle nennen, gefolgt von Don January. Die beste Handbewegung nämlich hatte in meinen Augen Mickey Wright.

Wobei ich diesen Erfolg nicht für mich in Anspruch nehmen kann, denn Mickey war bereits eine erfahrene Spielerin, als sie zu mir kam.

Man hatte ihr beigebracht, sich bei der Ballansprache so hinzustellen, als ob sie einen Basketball zwischen ihren Knien hielte. Im Rückschwung hob sie den linken Absatz nicht an, sondern drehte nur auf ihrer Fußspitze. Ähnlich Cottons Schwung wirkten ihre Hände eher müde, langsam und unbeteiligt. Bis sie sich dem Ball näherte! Sie hielt den Winkel bis zum letzten Augenblick und drehte dann schlagartig ihren linken Unterarm.

Eines Nachmittag riet ich Sandra Haynie, Mickey beim Bälleschlagen zu beobachten.

Danach meinte Sandra zu uns: »Mir gefällt ihr gesamter Schwung. Nur die Art nicht, wie sie bei der Ballansprache die Knie zusammengepreßt hält.«

Mickey lächelte höflich und sagte: »Ich werde daran denken, es mir abzugewöhnen.«

Was sie nicht tat. Und 82 Meisterschaften gewann.

Ich wünschte mir, daß alle Nachwuchsspieler Mickeys Schwung als Vorbild hätten und über ihre Persönlichkeit verfügten.

Eine schwierige Aufgabe

Beim Besuch eines anderen Golfclubs hörte ich jemanden zu einem Mitglied sagen: »Sie haben einen sehr schönen Golfplatz.« Worauf das Mitglied antwortete: »Ja, wir sind nur einen Greenkeeper vom Zustand eines großen Golfplatz entfernt.«

Greenkeeper haben eine ebenso harte wie schwierige und undankbare Aufgabe. Sie tragen die Verantwortung für alles, sogar für das Wetter. Und wenn die Clubleitung mehr Runden zuläßt, als der Platz vertragen kann, ist der Greenkeeper schuld am schlechten Rasenzustand.

Der Greenkeeper hat keine Chance, einen guten Spieler, einen Durchschnittsspieler und einen schlechten Spieler gleichzeitig zufrieden zu stellen.

Mister Aminex

Wir haben ein Clubmitglied, den ich hier Mister Aminex nenne.

Er vereinbart nie eine Startzeit. Er kommt einfach daher und macht, während die anderen abschlagen, mit einem »Wie sieht es aus, Harvey? Bin ich als nächstes dran?« auf sich aufmerksam.

»Mister Aminex, unter dem Starters Stein liegt nichts, was mir sagen würde, daß Sie als nächstes dran sind«, pflegt meine Antwort zu sein.

Hierzu muß man die Geschichte kennen, die mir von einem Club in Kalifornien zu Ohren gekommen ist. Dort liegt am ersten Abschlag ein Stein, den sie den »Starters Stein« nennen. Wann immer jemand ohne Startzeit erscheint, blickt der Starter unter den Stein. Liegt dort ein 50-Dollar-Schein, ist die fehlende Startzeit kein Problem mehr.

Im Austin Country Club hatten wir niemals einen Starters Stein. Wobei ich wahrscheinlich in Ohnmacht gefallen wäre, wenn wir einen gehabt hätten und ich darunter Geld gefunden hätte.

Allerdings bin ich mir aber auch ganz sicher, daß Mister Aminex niemals Geld darunter gelegt hätte.

Ein unerschöpfliches Thema

Bobby Jones sagte mal, er hätte eine halbe Million Worte über das Golfspiel geschrieben – und die Thematik dennoch nicht einmal annähernd erfassen können.

Er sagte: »Ich kann mir nicht vorstellen, daß es jemandem jemals gelingen wird, jedes Wort zu schreiben, das über den gesamten Golfschwung geschrieben werden müßte.«

Und weiter: »Ist es doch eine Folge von Bewegungsabläufen, die erst im perfekten Zusammenspiel einen soliden Golfschwung hervorbringen. Ich bin überzeugt, daß auch in der Zukunft nichts erfunden werden kann, das diese Bewegungsabläufe innerhalb der Grenzen, die von der Physik nun einmal vorgegeben sind, verändern könnte.«

In der Einleitung zu seinem Kult-Buch »Golf« erklärt Bobby, warum diese aufeinanderfolgenden Bewegungsabläufe zahllose Golflehrer beschäftigen und ganze Bibliotheksräume füllen.

»Der Spieler muß das Gefühl eines exakt ausgeführten

Schlages empfinden können. Die Worte unserer Sprache beschreiben allerdings Gefühle viel zu vage und ungenügend. Kein Mensch kann den Ablauf einer Muskelbewegung mit der Gewißheit beschreiben, daß er von einem anderen auch vollständig verstanden werden kann.«

»Deswegen ist es in meinen Augen unumgänglich, daß ein Golfunterricht hauptsächlich darin bestehen muß, die Beschreibung des Bewegungsablaufs immer wieder zu wiederholen. Mag ein Schüler das Geforderte heute auch nicht verstehen, vielleicht versteht er es morgen, wenn es in einer anderen Art und Weise vorgetragen wird.«

»Der Golfschwung kann dadurch zwar Gegenstand endloser Diskussionen und Spekulation werden. Aber das ist es wohl, was den besonderen Reiz des Golfs ausmacht.«

Ein Tip

Kleine Menschen sprechen den Ball besser mit der Spitze des Schlägerblattes an.

Die Gebühr

Während meines ganzen Golflehrer-Lebens wurde mir gesagt, daß ich nicht genug für meine Stunden verlangen würde. Ich wurde deswegen sogar gehänselt. So kursierte die Geschichte, daß mich der golfbegeisterte Basketball-Star Michael Jordan angerufen hätte, um sich nach dem Preis einer Golfstunde zu erkundigen.

Wahrscheinlich wäre »Fünf Dollar die Stunde, wozu

noch die Kosten für die Übungsbälle kämen« meine
Antwort gewesen.

Michael Jordan hat mich aber nicht angerufen. Zumindest hat er es bis heute nicht getan. Aber die Menschen
scheinen diese Geschichte glauben zu wollen. Ich weiß
auch gar nicht, wieviel ich von Michael Jordan für eine
Stunde verlangen würde. Vermutlich gar nichts.

Ich habe kürzlich einige Stunden mit Ernie Banks auf
der Driving-Range verbracht und ihm nichts dafür berechnet, weil es mir Vergnügen und Freude gemacht hat.

Ich werde im Club oder über Helen von überall her von
Leuten angerufen, die nach Austin kommen möchten,
um gleich eine Serie von Stunden bei mir zu nehmen.
Aber ich unterrichte nicht in Serie. Ich kann, wenn
überhaupt, nicht einmal eine ganze Stunde versprechen.
Denn wieviel zu tun ist, ergibt sich immer erst während
der ersten Stunde.

Manchmal genügt ein Blick, um »Schlagen Sie den Ball
weiter vorne im Stand« oder »Ändern Sie bloß nichts an
Ihrem Schwung« sagen zu können. Wieviel könnte ich
für diese Schnellanalyse verlangen?

Die wahre Entlohnung eines Lehrers ist nicht das Geld,
sondern die Freude, anderen zu helfen.

Das Timing

Bei Arbeitstagungen unter Golflehrern taucht oft die Frage auf, was Timing ist, und ob es etwas anderes ist als Rhythmus und Geschwindigkeit.

Timing ist, das Muskelspiel so zu koordinieren, daß der Schlägerkopf mit der maximalen Geschwindigkeit auf den Ball trifft, während die Schlagfläche rechtwinklig zur Ziellinie ausgerichtet ist.

Rhythmus und Geschwindigkeit sind zwei Worte, die ich stets vermeide. Sie sind nicht dasselbe wie Timing.

Es gibt viele gute Spieler, die während des Schwungs herumhüpfen, die Schlagfläche dann aber im richtigen Moment an den Ball bringen und dank ihres guten Timings dann doch gute Ergebnisse erzielen.

Auf keinen Fall möchte ich einen Spieler in meinem Team haben, der zwar einen schönen Schwung hat, die entsprechenden Ergebnisse aber schuldig bleibt. Zu viele Spieler geben sich mit einem stilvollen Schlagen des Balles zufrieden. Ich will den Spieler, dem es darum geht, den Ball mit den wenigsten Schlägen ins Loch zu spielen.

Ich kenne Spieler, die zugeben, während des Schwungs in Gedanken »eins, zwei, drei, vier« zu zählen, weil ihnen das hilft, das Gefühl für Rhythmus und Geschwindigkeit zu finden. Es ist mir nicht klar, wie das funktionieren soll, denn wenn ich in Gedanken zähle, wie können sich da meine Gedanken auf das Ziel konzentrieren?

Zeit, sich zu verändern

Auf dem Flughafen von Atlanta begegnete mir ein Freund, seines Zeichens ein bekannter Golflehrer aus einem berühmten Club in Chicago.

»Was machst Du denn hier?« fragte er mich.

»Ich halte ein Seminar bei der PGA von Georgia ab« antwortete ich. »Und was führt Dich hierher?«

»Ich bin auf dem Weg nach Florida, wo ich mir einen neuen Job suchen möchte.«

»Ich dachte, Du hättest den besten Job auf der Welt«, sagte ich überrascht.

»Ich hatte, Harvey«, antwortete er. »Bis ich in die Vorgaben-Kommission berufen wurde. Ich habe das Handicap eines Mitglieds um drei Schläge nach unten gesetzt. Worauf mich dieser Mann auf dem Parkplatz ansprach, daß er diese Schläge unbedingt wiederhaben wolle und mich darauf aufmerksam machte, daß er Leute schon für weniger getötet hätte als das, was ich ihm angetan habe.«

Worauf mein Freund seinen Koffer packte und sich auf den Weg nach Florida machte. Ich gebe zu – es war wirklich an der Zeit für ihn, sich zu verändern.

Mister Roberts

Während der Trainingsrunde zu den US Masters schlugen die Spieler von den Fairways immer wieder »Flieger«. Ein Spieler aus Texas, Terry Dill, beschwerte sich bei mir über die Situation.

Mir war klar, woran es lag. Man hatte kürzlich auf den Spielbahnen Winter-Rye-Gras angepflanzt. Und ich hatte beobachtet, wie ein Traktor mit Gummireifen zum Mähen über die Spielbahnen fuhr – mit rund 50 Stundenkilometern!

Dabei drückten die Gummireifen das Gras herunter, wodurch es nicht mehr gleichmäßig geschnitten werden konnte. Kaum, daß der Traktor vorbei war, stellten sich die ungeschnittenen Grashalme wieder auf und hinterließen typische Flieger-Lagen. (Anmerkung des Übersetzers: Lagen, bei denen im Treffmoment Gras zwischen die Schlagfläche und Ball kommt, wodurch der Ball unkontrolliert weit fliegt.)

Ich erzählte Terry, daß wir das gleiche Problem im Austin Country Club gehabt hatten. Das wir dadurch lösten, daß wir die Gummi- durch Eisenreifen ersetzten.

Terry sagte: »Das werde ich Mister Roberts erzählen«.

Er meinte damit Clifford Roberts, der über viele Jahre hinweg streng über den reibungslosen Masters-Ablauf wachte. Ich bat Terry, Mister Roberts nicht zu sagen, was ich ihm erzählt hatte. Aber Terry hat einen Dickkopf. Er machte sich auf den Weg, Mister Roberts zu suchen, und ich wäre am liebsten im Erdboden versunken!

Als Terry zurückkam, erzählte er mir, daß sich Mister Roberts auf die Suche nach dem Chef-Greenkeeper gemacht hätte.

Keine zehn Minuten später kam die Mähmaschine zurück. Dieses Mal fuhr sie weitaus langsamer und auf Stahlrädern.

Obwohl dies auf meinen Rat hin geschah, ging ich Mister Roberts fortan aus dem Weg. Ich wollte auf keinen Fall, daß er von mir dachte, ich würde zu der Meisterschaft kommen, um ihm organisatorische Ratschläge zu erteilen.

Randys Driver

Einer meiner Schüler, Randy Mueller, hatte sich in den Kopf gesetzt, der längste Longhitter des Austiner Highschool-Teams zu werden. Es war an mir, ihn zu überzeugen, nicht der längste, sondern beste Spieler werden zu wollen.

Ich gab ihm ein Holz 2 und empfahl, damit abzuschlagen.

»Ich will aber den Driver schlagen, so, wie die anderen auch«, protestierte er. »Mit dem Holz 2 am Abschlag zu stehen, ist nicht besonders cool.«

Ich sagte: »Das können wir regeln.«

Ich nahm das Holz 2, klebte ein Stück Selbstklebe-Streifen auf die Schlägerblatt-Sohle und schrieb eine große »1« auf den Klebe-Streifen.

»So, jetzt hast Du einen neuen Driver«, sagte ich.

Es sollte nicht lange dauern, ehe Randy mit seinem neuen »Driver« ein Highschool-Turnier gewann.

Er hatte gelernt, daß es viel wichtiger ist, den Ball gerade und auf die richtige Stelle zu spielen, als lang zu sein.

Jack war's

Der moderne Allwetter-Gummi-Griff wurde erfunden von Jack Burke sen., als er Pro im Glen Garden Country Club in Fort Worth war, wo Ben Hogan und Byron Nelson als Caddies arbeiteten.

Jack nahm einen Gummischlauch, schnitt ihn sauber zurecht, strich danach etwas Leim auf den Schlägerschaft, stülpte den Schlauch über den Schaft und formte ihn zuletzt zu einem Griff.

Auf einer Runde mit Jack sah ich zum erstenmal diesen neuen Griff, der wahrlich eine Innovation im Golfgeschäft darstellte.

Denn zuvor war es stets mit sehr viel Arbeit verbunden, einen guten Ledergriff am Schläger zu befestigen. Man mußte den Lederstreifen sehr exakt wickeln und ihn dann mit Leim befestigen. Noch schwieriger war's, den Ledergriff wieder vom Schaft zu lösen. Da galt es zu kratzen, zu schmirgeln und zu feilen.

Burkes Griff hingegen war in fünf Minuten abgelöst und neu befestigt, was allen Golflehrern das Leben erleichterte.

Die Bergab-Lage

Für den Durchschnittsgolfer ist der gefürchteste Schlag die Bergab-Lage.

Wie ich es sehe, machen die Spieler dabei im allgemeinen den Fehler, sich aufrecht oder gar gerade vor den Ball zu stellen.

Richtig wäre es im Falle einer Bergab-Lage aber, den Körper parallel zum Hang auszurichten. Für den Rechtshänder bedeutet dies, mit einem nach links geneigten Körper zu stehen. Um die Balance halten zu können, gilt es sicherzustellen, daß genügend Gewicht auf dem linken Fuß lastet.

Spielen Sie den Ball etwas mehr vom rechten Fuß. Schwingen Sie den Schläger mit Armen und Händen. Vermeiden Sie ein plötzliches Aufrichten, bis der Schlägerkopf durch den Ball geschwungen hat.

Anspannung ist eine der häufigsten Fehler-Ursachen beim Bergab-Schlag. Bedenken Sie, daß das Ziel bei diesem Schlag nicht ein kraftvolles, sondern ein sauberes Treffen des Balles ist.

Zum Davonlaufen

Mein guter Freund Dick Metz, Wild Bill Mehlhorn und ich bildeten bei einem Turnier einen Flight. Während wir uns aufwärmten, nahm mich Dick zur Seite.

Er sagte: »Ich muß Dich warnen. Bills Putten macht ihn so nervös, daß er immer als erster putten will, um es ja schnell hinter sich zu bringen.«

Bill Mehlhorn gewann 20 Pro-Turniere, spielte im Ryder Cup-Team und war ein hervorragender Lehrer. Aber er wurde Zeit seines Lebens von dem Gefühl gequält, der schlechteste Putter der Welt zu sein.

Leute fragen mich, wie es möglich sein könne, daß sich jemand, der 20 Pro-Turniere gewinnt, für den schlechtesten Putter der Welt hält.« Alles, was ich darauf antworten kann, ist: »So ist Golf.«

Dana X. Bible schlug die kraftvollsten, aber auch unkontrolliertesten langen Schläge, die ich je sah. Er war auch ein hervorragender Football- und Baseball-Spieler und holte als Coach sowie Sport-Direktor der Universität von Texas einige nationale Meistertitel. Aber er konnte sein Gewicht während des Golfschwungs nicht auf die linke Körperseite verlagern. Ganz egal, wieviele Stunden ich ihm über die Jahre gab – für ihn schien dies ein totaler Widerspruch zu sein. Dieser talentierte Sportler konnte für einen Touch- oder Home-Run rennen wie kein anderer, aber um einen Golfball zu treffen, mußte er ihn aufteen.

Er versuchte auch gar nicht erst, dies zu verbergen. Wenn man das erstemal mit ihm spielte, sagte er stets: »Ich werde meinen Ball aufteen, wo immer ich dies will. Selbstverständlich dürfen Sie das gleiche tun.«

In jenen Tagen waren unsere Fairways übersät von den natürlichen Hinterlassenschaften von Würmern. Diese benutzte D.X. als Tees. Er versuchte stets, den Ball von unten nach oben zu schlagen. Ich hatte keine Chance, ihn diesbezüglich umzustimmen.

Ich glaube, Menschen bekommen bestimmte Charaktereigenschaften mit auf den Weg, die nur auf dem Golfplatz deutlich werden.

In Bill Mehlhorns Fall war es der Widerspruch, daß ein Spitzengolfer ein total verunsicherter Putter sein kann.

Hogans Verfehlungen

Es war ein Wohltätigkeitsturnier. Morris Williams jun. und Ed Hopkins spielten gegen Ben Hogan und mich.

Eine große Menschenmenge hatte sich um den Abschlag und die Spielbahn versammelt. Wir alle warteten auf Hogan. Als er endlich kam, ging er unsicher, hatte ein verschmitztes Grinsen im Gesicht und die Mütze schief auf dem Kopf.

Das besorgte Flüstern aus den Zuschauerreihen war deutlich hörbar. »Was ist los mit Hogan? Es sieht fast so aus, als ob er betrunken sei.«

Als Hogan versuchte, seinen Ball aufzuteen, fiel er auf die Knie. Er erhob sich wieder, schaute auf die Spielbahn, rieb sich die Augen und torkelte zurück. Das Murren aus den Zuschauerreihen wurde hörbar lauter.

Hogan nahm einen gewaltigen Anlauf für seinen Drive – und verfehlte den Ball.

Er grinste. Er torkelte bei der erneuten Ball-Ansprache, wackelte mit dem Schläger und stieß seinen Ball dabei nach hinten. Nachdem ein Caddie den Ball zurückgelegt hatte, unternahm Hogan einen erneuten Versuch. Diesmal toppte er seinen Abschlag etwa fünfzig Meter weit.

Morris, Ed und ich machten gute Drives und gingen dann zu Hogans Ball. Er schwankte, als er auf den Ball schlug und einen gewaltigen Slice produzierte. Die Kappe fiel ihm dabei vom Kopf. Ein Caddie hob sie für ihn auf, worauf sie sich Hogan quer aufsetzte.

Schließlich erreichten wir das Grün. Ben schlug seinen ersten Putt runde sechs Meter über das Loch hinaus und lag damit immer noch am weitesten vom Loch entfernt. Auch den zweiten Putt puttete er sechs Meter über das

Loch hinaus, was die Zuschauer restlos entsetzte. Schwankend bereitete Ben seinen dritten Putt vor – und lochte ihn.

Als er den Ball aus dem Loch holte, fiel er noch einmal hin. Das Entsetzen in den Gesichtern der Zuschauer war nicht mehr zu übersehen.

Dann stand Ben auf, schaute auf die Zuschauer, die um das Grün standen – und fing an zu lachen. Er setzte sich seine Mütze zurecht und sagte: »In Ordnung, Partner. Das Loch geben wir ihnen. Ab sofort werde ich besser spielen.«

Das verstand die Menge, und alle begannen zu lachen.

Hogan war nicht betrunken. Er hatte nur eine Clown-Nummer für die Zuschauer abgezogen, die Bob Hope nicht besser hätte machen können.

Nachfolgendes ist für Freunde des Golfsports, die Ben Hogan als ernsten und zurückhaltenden Gewinner von großen Meisterschaften kennengelernt haben, schwer zu glauben: Aber in seinen jungen Jahren war Ben Hogan ein hervorragender, humorvoller Unterhalter.

Den Rest des Wohltätigkeitsturniers spielte Ben, als ob es gerade um die US Open ginge. Am Ende schlugen uns die College-Spieler mit »1 auf«.

Es gibt nur wenige Menschen, die sich an das Ergebnis des Spiels erinnern. Unvergeßlich ist jedem aber Hogans erstes Loch. Es war jahrelang Gesprächsthema. Ben Hogan hatte sich von einer Seite gezeigt, die nicht viele Zuschauer je die Chance hatten, zu sehen.

Möchtegern-Psychologe

Freunde eines Mitglieds mit einem niedrigen Handicap baten mich, mit ihm über sein Benehmen zu sprechen. Er wurde auf dem Platz ärgerlich, monierte die durch Klappern des Schlüsselbundes entstehenden Geräusche und regte sich auf, daß seine Mitspieler nicht ruhig stehen würden.

Angenommen, sie klapperten wirklich mit dem Schlüsselbund und bewegten sich, während er spielte... Dann würde mich das auch verrückt machen. Allerdings würde ich mich an seiner Stelle nicht darüber aufregen, sondern versuchen, sie sportlich zu besiegen. Es macht keinen Spaß, gegen jemanden zu gewinnen, dem das Verlieren gleichgültig ist. Aber es ist etwas Besonderes, jemanden zu schlagen, der sich Vorteile zu verschaffen versucht.

Wenn Sie aber mit Ihren Mitspielern streiten, dann wird Sie das Freunde kosten. Wie es im vorliegenden Fall auch geschah. Ich habe das Mitglied mit dem niedrigen Handicap nicht angesprochen, weil es mich nicht nach meiner Meinung fragte. Ich kenne so viele Gründe und Entschuldigungen – manchmal suche ich vergeblich nach den Unterschieden – um mich als Amateur-Psychologen bezeichnen zu können. Eines weiß ich sicher... Was auch immer ich gesagt hätte, dem Mitglied mit dem niedrigen Handicap hätte es nicht gefallen. Er versucht verbissen, irgendein Geräusch zu hören.

Hätte ich ihm geraten, sich jeweils nur auf den nächsten Schlag zu konzentrieren, hätte er mich als einfältigen Menschen angesehen. Um nur an den nächsten Schlag denken zu können, muß man die Geräusche der Welt abschalten können. Es mag manchmal ein Vorteil sein, etwas taub zu sein.

Wo ist er?

Ich war stets von so ruhiger Natur, daß Jimmy Demaret mir zu einer hellen und farbenfrohen Kleidung riet, damit die Leute merkten, daß es mich auch gibt.
Ich bevorzugte stets die Art, wie sich Ben Hogan und Walter Hagen kleideten. In grau und schwarz oder braun und weiß.

Mein Gebet

Nachfolgend das Gebet, das ich normalerweise vor einem Golflehrer-Seminar gen Himmel schicke:
»Lieber Gott,
wir kommen zu Dir mit der Bitte, daß der heilige Geist bei dieser Veranstaltung mit uns sei. Hilf' uns stets zu bedenken, daß nur wenige Berufe einen so großen Einfluß auf Menschen haben, wie der des Golflehrers. Führe und leite uns auf Deinem Weg des Lebens, damit diese Welt, in der wir zu leben haben, eine bessere wird. Amen.«

Übungs-Hilfen

Obwohl ich einen natürlichen Schwung lehre, übte ich stets mit allerlei Trainings-Hilfsmitteln. Eines meiner beliebtesten war dabei ein Schläger, der einen Gummi-Schlauch als Schaft hatte. Man mußte schon einen sehr weichen Schwung haben, um diesen »Schläger« benutzen zu können. Ein anderes Stück war eine Kette mit einem Griff am einen und einem eisernen Ball am anderen Ende. Damit konnte man den Ball 140 Meter weit schlagen. Was ich aber von dem Tag an sein ließ, als sich eine Schraube lockerte und der eiserne Ball die Übungswiese hinunter flog. Ich hätte damals jemanden töten können!

Ich hatte einen speziellen Schlägergriff – mit einzelnen Vertiefungen für die Daumen und die Finger – an einer Sense angebracht. Allerdings kehrte ich wieder zu regulären Schlägergriffen zurück, weil Griffe eine zu wichtige und individuelle Angelegenheit sind.

Ab und zu hatte ich Schüler, die so verkrampften, wenn es galt, einen Ball zu schlagen, daß es ihnen unmöglich wurde, frei zu schwingen. Diese Schüler mochten gute Probeschwünge haben. Sobald ein Ball vor ihnen lag, brach ihr Schwung in seine einzelne Bewegungsabläufe auseinander.

Ich erinnere mich auch an einen Schüler, der einen guten Rückschwung hatte. Im Abschwung aber hielt er einen Moment lang inne und peitschte erst dann den Ball. Dabei versuchte der Schüler nur, am höchsten Punkt des Rückschwungs die berühmte »Pause« zu machen. Tommy Armour lehrte seinen Schülern diese Pause, was übrigens mit die einzige Schwung-Theorie war, bei der ich nicht mit Tommy übereinstimmte. In meinen

Augen ist es kein Schwung mehr, wenn ich mittendrin kurz anhalte.

Wobei der Schüler, von dem ich gerade spreche, gar nicht am höchsten Schwung des Aufschwungs anhielt. Er erreichte vielmehr während des Abschwungs diesen »toten Punkt«, ungefähr an der Stelle, an der die Hände in gleicher Höhe wie die Schultern sind. Dabei war er schon ein guter Spieler, bevor er sich diese »Pause« angewöhnte. Er versuchte alles, um diese Angewohnheit wieder loszuwerden. So besuchte er zahlreiche Golflehrer – und unterzog sich sogar einer Hypnose.

Sein Probeschwung sah zwar noch so wie zu der Zeit aus, als er Scratch-Scores spielte, aber sein wirklicher Schwung wirklich lächerlich. Dies nahm ihn so sehr mit, daß er schon mit dem Gedanken spielte, das Golfspiel aufzugeben.

Ich besorgte mir einige Reißnägel und eine Angelschnur. Die schnitt ich in drei Meter lange Stücke und befestigte diese mit den Reißnägeln an Golfbällen.

Ich legte einen dieser Bälle auf ein Tee und bat den Schüler, ihn zu schlagen.

Ab und an zog ich den Ball mit der Angelschnur weg, bevor der Schläger ihn berühren konnte. Andere Male wiederum ließ ich den Schüler den Ball schlagen.

Dadurch wußte der Schüler nie, ob ein Ball da sein würde oder nicht. Wodurch er während des Schwungs nicht mehr an den Ball denken mußte.

Nach und nach begann er, sich zu entkrampfen und seinen schönen Probeschwung auch »mit Ball« zu machen. Und das war alles, was ich hatte erreichen wollen.

Die Notwendigkeit

Ein Golfer benötigt nur sehr selten einen spektakulären Schlag. Es sei denn, der vorherige war ziemlich schlecht.

Zusammenfassung

Mein ganzer Unterricht basiert auf dem Versuch, drei Dinge zu gewährleisten:

❐ Die Schwungebene des Schlägers
❐ Die Stellung der Schlagfläche
❐ Die Schlägerkopf-Geschwindigkeit im Treffmoment

Ein ehrenwertes Spiel

Golf ist ein ehrenwertes Spiel. Wenn man es auf irgendeine andere Weise spielt, erzielt man nicht die volle Befriedigung.

Die Beachtung des Ehren-Kodex sollte so tief in einem verankert sein, daß man nie in Versuchung gerät, unehrenhaft zu handeln.

Es gibt unzählige Beispiele für Spieler, die sich Strafschläge für Regelverstöße anrechnen ließen, die niemand außer ihnen gesehen hatte, und die dadurch in einigen Fällen sogar Turniere verloren.

Tommy Kite spielte die dritte Runde der Kemper Open 1993 mit Grant Waite aus Neuseeland. Tommy führte. Unweit des vierten Grüns nahm Waite einen Free-Drop aus einer »Boden in Ausbesserung«-Fläche in Anspruch.

Als Waite sich vorbereitete, den nächsten Schlag aufs Grün zu machte, sah Tom, daß Waite mit seiner Ferse immer noch innerhalb des Bodens in Ausbesserung stand.

Es war ein Turnier, das Tommy sehr gerne gewonnen hätte, und sein erstes gutes Auftreten nach seiner Rückenverletzung im Frühjahr. Eigentlich wäre es so leicht gewesen, vorzugeben, nicht gesehen zu haben, wo und wie Waite stand.

Das heißt, es wäre vielleicht für einige Menschen leicht gewesen. Nicht so für Tom Kite. Ihm war das nicht einmal einen Gedanken wert.

»Wir brauchen nun wirklich keine Strafschläge«, sagte er und zeigte dabei auf die Ferse des Neuseeländers. Hätte Waite den Schlag ausgeführt, hätte dies zwei Strafschläge bedeutet, wodurch Tommy mit drei Schlägen in Führung gegangen wäre. Aber, wie ich schon sagte, ein Tom Kite verschwendet hieran nicht einmal einen Gedanken.

Tommy sagte: »Es wäre sehr kleinlich von mir gewesen, kommentarlos einen unbeabsichtigten Regelverstoß zu beobachten, um dem Spieler dann zwei Strafschläge zu geben. Das ist nicht Golf. Es sind andere Sportarten, bei denen die Aktiven versuchen, jeden nur erdenklichen Vorteil für sich herauszuschlagen.«

Waite gewann die Kemper Open mit einem Schlag Vorsprung. Tommy wurde Zweiter.

Ich glaube, daß ich stolzer auf Tommy für dieses Turnier als für seinen US Open-Sieg bin. Ein Open-Champion ist ein Sieger auf dem Golfplatz. Eine ehrenwerte Person bleibt immer und überall ein Sieger.

BLV Verlagsgesellschaft mbH
München Wien Zürich
80797 München

Titel der amerikanischen Original-
ausgabe:
AND IF YOU PLAY GOLF,
YOU'RE MY FRIEND

© 1993 Harvey Penick, Bud Shrake
und Helen Penick
erschienen bei Simon & Schuster
New York

Deutschsprachige Ausgabe:
© BLV Verlagsgesellschaft mbH,
München 1996

Übersetzung aus dem Englischen:
Hella und Dieter Praun,
Herstellung: Sylvia Hoffmann
Druck: Ludwig Auer GmbH,
Donauwörth
Bindung: Conzella, München

Einbandgestaltung: Sander & Krause
Werbeagentur, München

Printed in Germany
ISBN 3-405-14778-6

Die Deutsche Bibliothek –
CIP-Einheitsaufnahme

Penick, Harvey:
Und spielst du Golf, bist du
mein Freund / Harvey Penick und
Bud Shrake. [Übers. aus dem Engl.:
Hella und Dieter Praun]. – 2. Aufl. –
München; Wien; Zürich : BLV, 1996
    Einheitssacht.: And if you play
    golf, you're my friend ⟨dt.⟩
    ISBN 3-405-14778-6
NE: Shrake, Bud:

Notizen

Know-how rund ums Grün

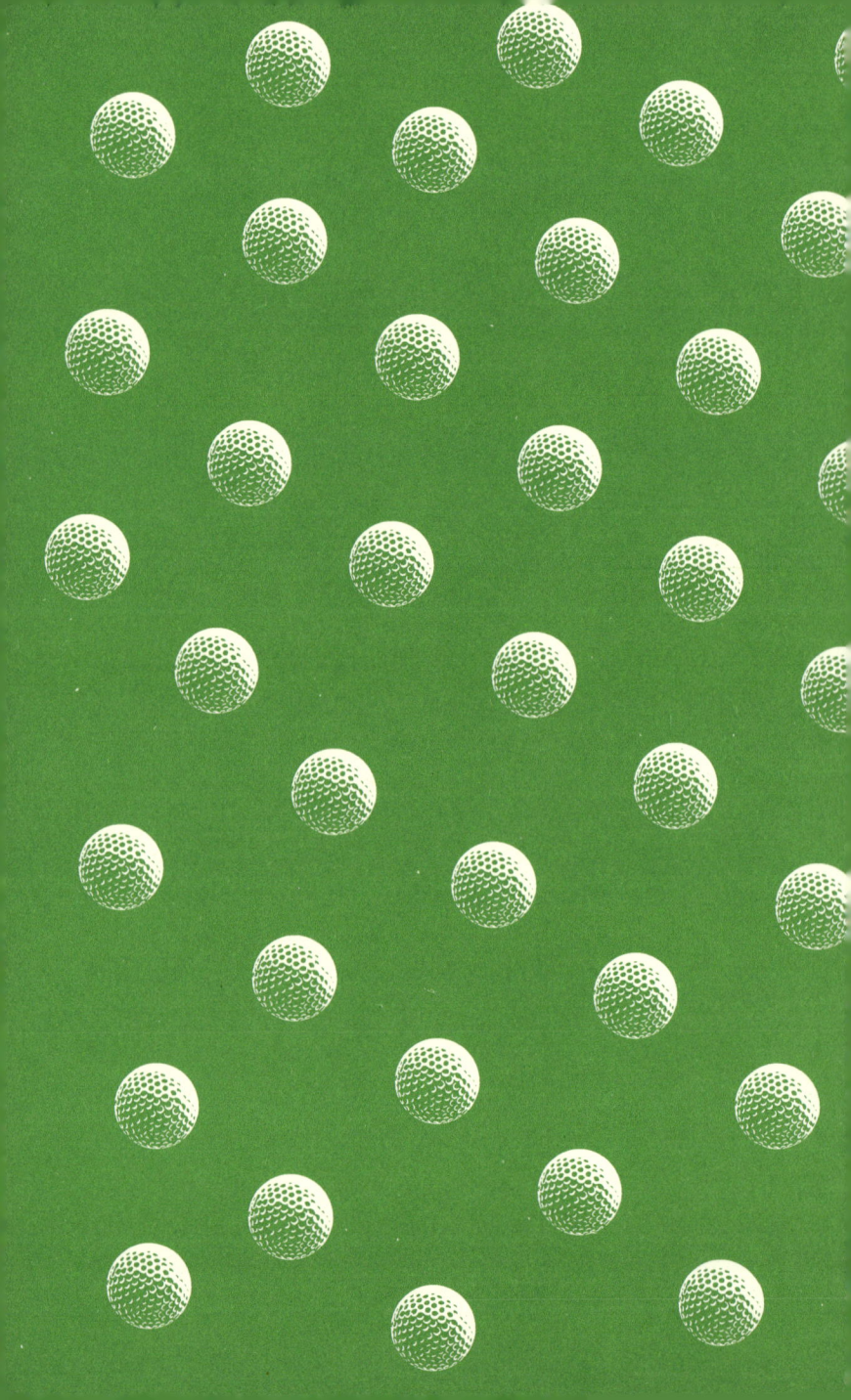